世界金融危機

歴史とフィールドからの検証

G20・金融制度改革・途上国

坂元 浩一

大学教育出版

はじめに

　2008年9月15日のリーマン・ブラザーズ破綻以降、世界経済は金融危機と急激な景気後退に見舞われたが、その直後から世界の主要国が一致団結した懸命の対応策がとられてきている。しかるに、2009年6月1日にアメリカ最大の自動社会社GMが破産法を申請した。経済の回復を示す兆候はあるが、2010年はプラスの成長率になるとはいえ、需給ギャップは2009年より大きく失業率もさらに上昇し、その後も失業率は緩慢にしか低下しないと予測されている。

　2009年9月24日と25日に、先進工業国と主要新興市場国からなる20か国・地域（G20）首脳会合（金融サミット）の第3回目が、アメリカのピッツバーグで開催された。2008年11月15日の第1回会合（ワシントンD.C.）、2009年4月1〜2日の第2回会合（ロンドン）に続くものである。

　G20会議に出席する20か国・地域は世界経済の約8割を占めるが、かれらの懸命の努力にもかかわらず、2009年の世界経済は、第2次世界大戦後初めてのマイナス成長と予想されている。1930年代の大恐慌に匹敵する世界経済の停滞である。

　2009年4月22日、国際通貨基金（International Monetary Fund: IMF）は、G7、財務大臣・中央銀行総裁会合とセットで開催されたIMF・世界銀行の春季総会に先立って、World Economic Outlook（WEO、世界経済見通し）を発表した。WEOは世界および主要国のマクロ経済予測における最も権威ある報告書であり、G7や先進8か国首脳会議（サミット）の経済会合のベースとなっている。

　そして、上記の4月と同じく、9月の第3回G20サミットの後を受けて、10月にWEOが発表され、経済金融問題が各国の財務大臣・中央銀行総裁など関係者の間で議論された。

　4月22日の記者会見において、報告者のIMFの経済アドバイザー兼調査局

長のブランシャー（前米国マサチューセッツ工科大学教授）は、2008年のリーマン・ショック以降の経済・金融情勢において、2009年の世界の経済成長率が－1.3％と、第2次世界大戦後初めてマイナス成長になる、との予測を発表した。そして、2010年に経済がいくらか回復して、2％程度になると述べた（本書第2章2．に予測）。

そして、今日の米国を震源とする金融危機が新興市場経済に及んでおり、今後さらに深刻な経済・金融不安が起こる可能性があるといわれている。事実、2008年末には、アイスランド、ハンガリー、パキスタンなどがIMFとの経済安定化計画を締結するに至った。2009年にはメキシコ、ポーランド、ルーマニアなどがIMF融資を受けることとなり、トルコなどとの間でも融資交渉が行われている。

また、低所得国の貧困に対する甚大な影響が懸念されており、G20の最大の課題の一つが世界の貧困国の救済である。

こうした背景で、本書の目的は、この未曾有の世界経済の危機を正しく理解するために、歴史とフィールド（現場）から現状に迫ることによって、問題の本質に迫り、そして今後の方向を正しく見通そうというものである。

「フィールド」は筆者が訪問した現場を含むが、インターネットのサイトをふんだんに使う。例えば、アメリカ、ワシントンD.C.やフランス大統領府における記者会見のビデオである。

そして、「歴史とフィールド」からみるとはいえ、当該専門分野の理論や枠組みにそった総括的な分析結果を示した。今回の危機の原因が何で、その処方箋が適切か、実際のところどのように理解できるのかわかるであろう。

本書の対象の中心は、世界の民間投融資が集中する先進工業国と新興市場国（途上国の中の中所得国）である。一方、G20会議でも強調しているように、本書では低所得国も扱う。今回の危機が最も甚大な影響を及ぼす可能性が高いのである。

また、本書の接近方法は、各国政府、IMFや世界銀行など世界全体を対象として仕事をしている国際経済専門のエコノミストや金融専門家の方法論が中心となる。特に、今回の危機の全体像や対策の枠組みをつかむマクロ・アプロー

チを採る。

　今日、本書を世に問う理由は以下の通りである。第1に、歴史的経緯を踏まえた論調が少ないということである。2009年4月の第2回G20金融サミットの最大の成果は、IMFの財政基盤を3倍にすることであったが、数年前にはIMFの縮小論が幅を利かせて、IMFの財源がかなり細ったことが十分に知られていない。一部の国、例えばカナダは長期的なIMFの拡大には反対している。同様に、今後に向けた政策について歴史の過ちを繰り返す可能性が高いとの欧米の専門家の意見がある。

　第2に、筆者はオックスフォード大学教授やパリ大学教授にインタビューを行い、ネット上の記者会見の模様などをフォローしているが、フィールド（現場）の状況を踏まえて、危機の本質や対策の骨子など実像に迫ったものが少ない。

　第3に、世界金融危機の問題やG20の提案は多分野にまたがっており、また金融措置などかなり詳細に突っ込んだものとなっている。それゆえに、危機や政策・措置の実体の理解が難しくなっている。それを包括的に扱った類書は少ない。

　第4に、日本の専門家の偏りにより、類書が日米やアジア中心である。これに対する本書の特徴は、政策面で英語圏だけでなく、今回のG20設立の立役者で英米に挑戦状を突きつけたフランス関連の文献を扱う。同国と同盟関係にあるドイツと共同歩調をとった提言が、かなりG20のコミュニケに盛り込まれている。サルコジ大統領の記者会見のビデオ、2009年2月に筆者が実施したパリ大学教授などへのインタビューを参考にする。

　次に、アジアだけでなく、グローバル経済、いくつかの筆者の訪問国の事例、そしてアフリカなど低所得国も扱う。国際社会の最大の課題の一つが低所得国（とりわけ、重債務貧困国）に多い10億程の絶対貧困層の生活向上であり、アフリカにも焦点を当てた本書の展開となる。G20でもこの国連ミレニアム開発目標の達成が改めて取り上げられている。

　第5に、日本の国際協力やG20への提案に関して、かならずしも十分にその貢献が理解されていない。本書では、よりバランスがとれた内容を説明する

ことにする。

　本書の制約としては、先進工業国・経済全体を扱うと同時に、新興市場経済などを扱うので、マクロ的な情報が中心であり、個々の国の個別の課題やテーマを深く掘り下げることはしない。むしろ、欧米の専門家が多用し、かつ比較的に入手可能な国一覧表を多く示して、投融資や政策の実施の参考にすることを重視している。

　当然のことながら、筆者一人で世界の一流の関係者や専門家が議論するすべての業務や政策を詳しく解説することはできない。

　また、先進的な金融技術については、筆者の能力を超えるものであり、扱わない。ただし、金融、経済の基本的な考え方や理解の仕方は、筆者の講義や研修などでの経験を土台にしてわかりやすく解説する。

　そして、本書の最後では、特別企画として、筆者が2009年に行った英仏両国と中国における調査を扱い、最新の情報を提供する。

　本書の構成としては、第1章で今回の金融危機に至る歴史を総括し、第2章では2007年から今日までの金融危機の動向を解説する。そして、第3章から第5章にかけて、G20サミットやG7などで打ち出された政策を、時間に沿い、また分野ごとに分析する。そして、第6章と第7章で新興市場国と貧困国を扱う。また、第8章でアジアと日本を対象とする。先進国を含む今後の予測や方向は第2章2．と第4章2．（2）で扱っている。

　最後に、筆者執筆の類書として、近刊の2冊を紹介する。まず2008年6月に『IMF・世界銀行と途上国の構造改革―経済自由化と貧困削減を中心に―』を出版した。その目的は、世界の多くの途上国で1980年からIMF・世銀の勧告で実施されてきた構造改革の実績を分析することである。両機関、特に後者は幅広い分野をカバーしているが、この書籍では、途上国において実施された構造改革として、経済自由化（構造調整）と貧困削減に焦点を当てる。この書籍は、本書の政策の歴史部分に対応する。

　次に、2009年8月に『新興市場国サーベイ―グローバル・スタンダードと構造改革―』を刊行した。この書籍は、官民の投融資の注目を集める新興市場経済への接近を試みるものである。2つの方法論をとる。1つは「ワールド・

スタンダードへの接近」であり、もう1つは「政策フレームワークへの接近」である。概要としては、経済自由化政策を中心とした歴史の趨勢を踏まえつつ、非経済・金融面の要因も考慮して、新興市場国・経済を総合的に分析した。特に、具体的な指標であらわされた目標を含めた「世界標準」の見方を提示した。

また、日本人のわれわれが新興市場経済をどう見るかでなく、世界がどう見るのか、世界の卓越した公民の投融資家がどのように見ているかということを提示した。この書籍は、本書の新興市場国・経済に対応する。

最後に、本書の企画を採用して下さった大学教育出版代表取締役、佐藤守氏と編集・出版スタッフの皆様にお礼申し上げます。

2009年11月吉日

筆　者

凡例と基本情報

凡　例

「―」	皆無、または無視し得る数
「…」	該当数字なし
「0」	数値は単位の半分未満
年度	西暦（1月～12月）
	ただし、IMFは5月～4月

為替レート（暦年平均）

西暦	1990	1991	1992	1993	1994	1995	1996	1997	1998
円/US$	144.79	134.71	126.65	111.20	102.21	94.06	108.78	120.99	130.91
円/ユーロ	…	…	…	…	…	…	…	…	…
円/元	30.27	25.30	22.97	19.30	11.86	11.26	13.08	14.60	15.81
円/SDR	106.72	98.46	89.93	79.64	71.39	62.01	74.93	87.93	96.50
ユーロ/US$	…	…	…	…	…	…	…	…	…
元/US$	4.78	5.32	5.51	5.76	8.62	8.35	8.31	8.29	8.28
US$/SDR	1.36	1.37	1.41	1.40	1.43	1.52	1.45	1.38	1.36
平成	2	3	4	5	6	7	8	9	10

	1999	2000	2001	2002	2003	2004	2005	2006	2007	2008
	113.91	107.77	121.53	125.39	115.93	108.19	110.22	116.30	117.75	103.36
	121.35	99.29	108.75	118.01	130.84	134.34	137.07	145.90	161.17	151.40
	13.76	13.02	14.68	15.15	14.01	13.07	13.45	14.59	15.48	14.87
	83.31	81.72	95.46	96.84	82.88	73.00	74.61	79.04	76.93	65.41
	0.939	1.085	1.118	1.063	0.886	0.805	0.804	0.797	0.731	0.683
	8.28	8.28	8.28	8.28	8.28	8.28	8.19	7.97	7.61	6.95
	1.37	1.32	1.27	1.29	1.40	1.48	1.48	1.47	1.53	1.58
	11	12	13	14	15	16	17	18	19	20

出所：IMFホームページ、International Financial Stastics (IFS) Online（2009年6月2日）を利用して、筆者作成。

為替レート（月平均）

	2008					2009			
	8月	9月	10月	11月	12月	1月	2月	3月	4月
円/US$	109.28	106.75	100.33	96.68	91.32	90.48	92.50	98.16	99.00
円/ユーロ	163.58	153.35	133.49	123.08	124.40	119.80	118.25	127.99	130.57
円/元	15.95	15.63	14.69	14.16	13.35	13.23	13.53	14.36	14.49
円/SDR	68.95	68.62	66.24	65.19	60.04	59.51	62.26	66.19	66.26
ユーロ/US$	0.67	0.70	0.75	0.79	0.73	0.76	0.78	0.77	0.76
元/US$	6.85	6.83	6.83	6.84	6.84	6.84	6.84	6.84	6.83
US$/SDR	1.58	1.56	1.51	1.48	1.52	1.52	1.49	1.48	1.49

出所：IMFホームページ、International Financial Stastics (IFS) Online（2009年6月2日）を利用して、筆者作成。

世界金融危機　歴史とフィールドからの検証
―G20・金融制度改革・途上国―

目　次

はじめに　*i*

凡例と基本情報　*vi*

第1章　経済自由化と米欧金融危機 ………………………………… 1
　1．経済自由化とワシントン・コンセンサス　1
　　（1）歴史の検証　1
　　（2）検証：レーガン（米国大統領）を誘う水着のサッチャー（英国大統領）　4
　　（3）LIVE 検証：2つの世界、2つの夢（現代版『二都物語』）　5
　2．グローバル化の進展と英米の金融覇権　7
　　（1）歴史と現状の検証　7
　　（2）検証：ブッシュの暴走とクルーグマンの抵抗　9
　3．新興市場国・経済と金融自由化　11
　　（1）歴史と現状の検証　11
　　（2）検証：地の果てのサムライ債破産と暴動（アルゼンチン）　22
　4．アジア金融危機（1997〜1998）　23
　　（1）歴史と現状の検証　23
　　（2）検証：炎上するジャカルタと大統領を見下ろすIMFトップ　26
　　（3）検証：アジア金融危機の処方箋―「拝啓　マレーシア首相殿」―　27

第2章　米欧金融危機と世界経済 ……………………………………31
　1．サブプライム問題からリーマン・ショックへ　31
　　（1）動向と現状の検証　31
　　（2）検証：ワシントンD.C.での知的論戦　34
　2．マクロ経済予測　35
　　（1）マクロ経済の予測（2009〜2010）　35
　　（2）主要国の予測（2014年まで）　36
　　（3）金融市場の予測　40

第3章　欧州主導の米国発危機の打開（G20 ワシントン・サミット）……42
　1．G7とG20　42
　　（1）歴史と現状の検証　42
　　（2）検証：サルコジ（仏大統領）の勝利と日本の敗北　44

2．第1回 G20 金融サミットの展開　46
　（1）　動向の検証　46
　（2）　検証：アングロ資本主義への仏独の挑戦　51
　（3）　首脳声明の要点　52

第4章　歴史的合意（G20 ロンドン・サミット） …………56

1．第2回金融サミットの討論　56
　（1）　動向の検証　56
　（2）　検証：仏独への日本の反撃　57
　（3）　LIVE 検証：オバマとブラウンの記者会見
　　　　　　　　　　　　　（2009 年 4 月 1 日、G20 サミット直前）　59
　（4）　LIVE 検証：インド首相の記者会見　60
2．第2回 G20 金融サミットの提案　61
　（1）　第2回 G20 金融サミット宣言の全体像　61
　（2）　マクロ経済政策　65
　（3）　国際金融制度改革　71
　（4）　開発金融機関の改革　86
　（5）　貿易　90
3．第2回 G20 金融サミット後の展開　93

第5章　国際通貨基金（IMF）の改革 …………98

1．IMF の業務の変遷　98
　（1）　歴史と現状の検証　98
　（2）　IMF 改革の提案　103
2．機構改革　110
　（1）　IMF の機構の概要　110
　（2）　クォータ及びボイス改革の論点　112
　（3）　第1回 G20 サミットに関わる論点　116
　（4）　第2回 G20 サミットに関わる論点　118
　（5）　今後の展望　119
　（6）　検証：米国人ベテラン記者の鋭い質問（2009 年 4 月 26 日）　122
3．サーベイランス　123
　（1）　サーベイランスの概要　123
　（2）　IMF 批判の論点　127

（3）　第1回G20サミット前の提案　128
　　　（4）　G20金融サミットの提案　139
　　　（5）　今後の展望　139
　４．融資制度、コンディショナリティ　140
　　　（1）　IMFの融資制度の概要　140
　　　（2）　G20サミットの提案　146
　　　（3）　今後の展望　147
　　　（4）　LIVE検証：IMFの政策介入への記者たちの厳しい追及（2008年10月30日）　148

第6章　世界金融危機と新興市場国 …………………………………154
　１．動向の検証　154
　２．新興市場国・途上国の認識と提案　156
　３．CASEの検証：テロと投資の最前線（パキスタン）　158

第7章　世界金融危機と貧困国 ………………………………………161
　１．歴史と動向の検証　161
　２．検証：外国投資の貧困国への貢献　163
　３．G20サミットの提案　165

第8章　アジアと日本 …………………………………………………167
　１．動向の検証　167
　２．日本のG20サミットへの貢献　168
　　　（1）　これまでの貢献　168
　　　（2）　今後の対策　169
　３．CASEの検証：ハノイでのベトナム人教授との討論（2009年3月）　170
　　　（1）　ベトナム経済の現状　171
　　　（2）　将来に向けての戦略　172

第9章　今後に向けて………………………………………………173
　　1．世界金融・経済危機の原因とマクロ経済政策　173
　　2．国際金融制度改革　174
　　3．IMF改革　175

参考文献………………………………………………………………177

付録　ホームページの利用方法……………………………………183

特集1　IMF改革を中心としたイギリス、フランスでのインタビュー（2009年2月）
　　　　　　　　　　　　　　　　………………………………184
　　1．面会者　184
　　2．聴取内容　185
　　　（1）イギリス金融サービス庁（FSA）専門家の発言　185
　　　（2）オックスフォード大学2教授の発言　186
　　　（3）パリ大学教授等の発言　188

特集2　中国出張報告（2009年7月）………………………………190
　　1．北京からの報告：G3→G7/G8→G20→G2？　190
　　2．天津からの報告：早くも世界金融危機脱出か？　197

付属資料　G20ピッツバーグ・サミットの首脳声明(2009年9月)……204

表・図リスト

第1章　経済自由化と米欧金融危機
表1-1　ワシントン・コンセンサスの政策内容
表1-2　外国為替市場
表1-3　IMFの金融危機支援（2005年1月31日現在）
表1-4　世界経済構造
表1-5　新興市場国・途上国への資本流入
表1-6　株式市場
表1-7　アジア金融危機時のIMF融資

第2章　米欧金融危機と世界経済
表2-1　実質経済成長率（2009～2010）
表2-2　主要国のマクロ経済予測（2009～2014）

第3章　欧州主導の米国発危機の打開（G20ワシントン・サミット）
表3-1　G20の経済規模
表3-2　ワシントン・サミットの首脳声明

第4章　歴史的合意（G20ロンドン・サミット）
表4-1　ロンドン・サミットの首脳声明
表4-2　金融部門（市場）の信用秩序維持政策

第5章　国際通貨基金（IMF）の改革
表5-1　投票権の国別比率
表5-2　IMF改革の国別提案
表5-3　IMFの融資実績
表5-4　IMFの財源

第6章　世界金融危機と新興市場国
表6-1　新興市場国へのIMF融資

第7章　世界金融危機と貧困国
図7-1　アフリカ全図

世界金融危機　歴史とフィールドからの検証
―G20・金融制度改革・途上国―

第1章
経済自由化と米欧金融危機

1．経済自由化とワシントン・コンセンサス

(1) 歴史の検証
1) 英米主導の自由化の強制

　貿易や外国投資を含む広汎な経済自由化は、1980年当たりからイギリス、アメリカの主導により世界規模で進められてきた。イギリスのサッチャー政権は1979年、アメリカのレーガン政権は1981年に樹立され、これらの「新保守主義」政権は、自国で経済自由化を進めると同時に、世界のすべての国に対して強制した。

　日本など先進工業国に対しては、アメリカが二国間交渉で強力に政策介入を行った。日本については、第2次世界大戦後すぐに日米貿易摩擦が起こり、貿易自由化などが課された。そして、1989年に日米構造協議、1993年に日米包括経済協議と総括的な自由化交渉が行われた。それまでマクロ的政策を中心としていたのに対して、構造政策、すなわち産業別へのミクロ的介入政策への転換であった。

　また、英米主導の自由化は当初から金融部門・市場の自由化も含んでいたが、先頭を切る英国においては1986年から抜本的な金融改革（ビッグバン）が開始した。日本でも1996～2001年に日本型ビックバンが実行されたが、アメリカを含めて21世紀になって急激な金融自由化が進んだ。

　新保守主義政権の政策の理論的背景として、新古典派経済学理論の再興が

あった。1930年代の大恐慌後1960年代までケインズ経済学理論に基づく財政・金融政策がとられていたが、1970年代に先進国においてそれまでの政府の介入を重視するケインズ主義に基づく経済政策に限界が見られていた。すなわち、経済不況とインフレの共存（スタグレーション）、財政赤字の増大が生じて、市場に対する政府の介入を正当化するケインズ政策の有効性が大きく揺らいだのである。

これに対して、市場の機能を重視する新古典派経済学理論が再興し、特にフリードマンを中心とするマネタリズムの政策が重用されるようになった。フリードマンの名著『選択の自由』は、1980年に刊行された。

2）途上国への強制

途上国（新興市場国を含む）の経済自由化で主導的な役割を演じていたのが、国際通貨基金（International Monetary Fund: IMF）と世界銀行（World Bank、以下世銀と呼ぶ）である。両機関は、第2次世界大戦後の世界経済の復興と発展のためのブレトンウッズ協定（Bretton Woods Agreement）によって誕生した。設立当初は戦後復興のヨーロッパを中心とする先進工業国が主な融資対象国であったが、これらの国々の経済の復興に伴って、その後途上国への融資が中心となった。

イギリスとアメリカの新保守主義政権は自国で自由化を進めると同時に、債務困難でIMFや世銀に救済を求めてきた途上国に対して、同様な自由化政策を課したのである。途上国における貿易、投資、金融に及ぶ広汎な経済自由化は、1980年からブレトンウッズ機関（IMF・世界銀行）主導で、各国ベースで強制的かつ急速に進められてきた。今日の新興市場経済を生み出したのは、IMFと世界銀行であると言える。

欧米生まれの新古典派経済学理論に根ざした政策内容について当初から今日まで見解の対立があるし、実績として自由化政策の経済や貧困への悪影響が指摘されてきた。また、世界規模での国別の所得格差を拡大したとNGOなどが厳しく非難している。

3）ワシントン・コンセンサス

途上国の中で、最初に経済自由化を中心とする構造改革が大々的に行われたのは、ラテン・アメリカとサハラ以南アフリカの両地域である。

IMF・世銀は経済自由化を中心とする構造調整計画（Structural Adjustment Program: SAP）を課したが、特にラテン・アメリカのそれを、1989年に「ワシントン・コンセンサス」と名付けたのは、ウィリアムソン（John Williamson）である。

同年に米国国際経済研究所（Institute for International Economics）が、10か国のラテン・アメリカの国々の識者を集めて同地域におけるIMFと世界銀行主導の政策改革に関して会議を開催した。同研究所所属のウィリアムソンがバックグラウンド・ペーパーを作成し、その中で10の政策改革を挙げて、ワシントン・コンセンサスと名づけた。

ウィリアムソン提案の政策内容は、表1-1の通りである[1]。

表1-1　ワシントン・コンセンサスの政策内容

財政規律　Fiscal discipline
公共支出の優先順位　Reordering public expenditure priorities
税制改革　Tax reform
金利自由化　Liberalization of interest rates
競争的為替レート　A competitive exchange rate
貿易自由化　Trade liberalization
外国直接投資の自由化　Liberalization of inward foreign direct investment
民営化　Privatization
規制緩和　Deregulation
所有権　Property rights

出所：Williamson, J. (2003).

羅列的であるので筆者が整理すると、始めの3つが財政政策、次の2つが金融政策に対応する。ここまでマクロ経済政策である。そして、貿易、投資といった対外政策が続き、最後に公的部門改革が来る。貿易、投資はセクター（部門）やミクロにより対応すると考えられる。

このコンセンサスは、アメリカ政府財務省、ウォール・ストリート関係者、

そしてIMF・世銀の三者によるものである。アメリカの利益を代表してIMF・世銀が途上国に対して経済自由化を強いたという構造である。

　こうした途上国に対する政策介入は、東側ブロックの崩壊により、90年代から世界規模で進められて今日に至っているのである。

（2）検証：レーガン（米国大統領）を誘う水着のサッチャー（英国大統領）

　今日では市場ベースの経済が世界中の国で受け入れられてきたが、それを世界規模で最初に進めたのがイギリスのサッチャーとアメリカのレーガンである。サッチャー政権は1979年に、レーガン政権は1981年に樹立された。

　特にリーダーシップをとったのがサッチャーである。彼女は後に政治的にタフであるということで、ソ連から「鉄の女」と呼ばれるが、市場ベースの自由経済に対する信奉は極めて強いものであった。学者としてアメリカのフリードマンは有名であるが、同様に欧州のハイエクも自由主義の重鎮であり、サッチャーはハイエクの影響を強く受けて政策運営を行った。すなわち、自国での自由化を断行すると同時に、世界規模での自由化を始めたのである。

　しかし、開始当初、彼女がそれほど確信を持って自由化が進められるとは思っていなかったらしい。イギリスのマスコミの風刺が面白い。水着のサッチャーが、レーガンに声をかけて、「泳ぐ水は冷たそうだ」と言って、これから進める自由化の行く先に困難を予想しているのである。彼女の趣味の水泳にひっかけた風刺である。

　サッチャーはレーガンを気に入り、サッチャーリズム（Thatcherism）、レーガノミックス（Reaganomics, これはeconomicsとの造語である）の名の下に、経済自由化が急激に進められ、途上国やソ連圏・東欧諸国も巻き込む世界規模の自由化の実現となったのである。わずか20、30年で信奉する経済システムが世界中で埋め込まれ、また金融のグローバル化により、多くの新興市場国や途上国が金融不安に陥ることとなった。

　イギリスは常に先頭を切って金融面を含めて改革を進めて、アメリカとともに「金融覇権」を握ることになる。しかし、その行き着く先が世界規模での金融自由化と今日の破綻となるのである。

今日の金融破綻や所得格差拡大の元凶として、サッチャーは批判されるが、「欧州の病人」イギリスを立ち直らせたこと、また世界中で非難されているとはいえ、それまでの独裁的な政策に対して自由主義を定着させたことは評価されてよいであろう。
　西欧の経済システムのモデルでは、経済が真に効率的で透明性があるためには、政治の民主化が必要である。彼女はレーガンとともに、社会主義圏を崩壊させ、世界規模で民主政治を実現させるべく指導力を発揮したことも評価されてよいであろう。
　イギリス下院は、それまでの慣例を破って未だ存命のサッチャーの銅像を2007年に建立した。チャーチルなど3人に次ぐものであり、いかに彼女が偉大であったかを表すものである。
　イギリスの代表的経済紙ファイナンシャル・タイムズの2009年4月28日版に、サッチャー像にロープをかけて引きずり下ろそうという漫画がある。社会主義崩壊のシンボルとして同じく引きずり下ろされたレーニンに匹敵される彼女の偉業ということである。

(3) LIVE 検証：2つの世界、2つの夢（現代版『二都物語』）

　先述したが、アメリカ共和党のレーガンは1981年に大統領となり、レーガノミックスと揶揄される経済自由化を進める。1988年までの同政権下でアメリカの競争力は高まったが、金持ち優遇の大減税などにより格差が拡大したと批判された。
　レーガンが目指した2期目に、労働組合などの支援をベースとする民主党からはモンデールが立った。モンデールに決まるまでの民主党の側の候補者としては、黒人政治家として有名なジェシー・ジャクソンに加えて、イタリア系のニューヨーク知事のクオモ（Mario Matthew Cuomo）がいた。レーガンに対する座標軸は、所得格差拡大への批判である。
　モンデールが候補者として決まる1984年7月、サンフランシスコで開催された民主党大会でのクオモの基調演説（Democratic National Convention Keynote Address）は有名である。タイトルは「A Tale of Two Cities」（二都

物語）である[2]。草稿をほとんど見ない迫力ある演説は、何度も聴衆総立ちの大喝采にさえぎられる。

クオモは、Mr. President と何回もレーガンに呼びかける形で、同政権の政策を厳しく批判する。レーガンが「光り輝く町」(shinning city) しか見ていないこと、他方いかに多くのアメリカ国民がその繁栄から取り残されているかを訴える。

レーガンが就任当初から「社会的ダーウィン主義」(social Darwinism)、すなわち適職者のサバイバル（survival of the fittest）を信奉し、政府の役割を縮小したが、それは強者に適合する政策であると批判する。

また、クオモは、自由主義者が主張する市場の自由化による成長の国民多数への均霑（きんてん）ないし波及（tricle-down）効果と、その政策の特徴としてのサプライ・サイド（supply side）重視に言及する[3]。そして、結果は少数のみが「光り輝く町」に住み、多くは遠くからその町のタワーの微光を眺めるだけであると訴える。

クオモの演説は、American Rhetoric というホームページで、ベスト100を選ぶと11番目に挙げられている。ビデオで迫力のある演説を視聴でき、英語の発言内容（transcript）も併記されている[4]。

経済自由化は所得格差を大きくする可能性が高く、2001～2008年のブッシュ政権下でもそれが最大の批判となっていた。

一方、所得格差の拡大の国際化がその後争点になる。金融投資で巨額の富を一瞬に得る先進工業国の投資家がいる一方で、世界人口60億のうち10億人程度の絶対貧困層がいるのである。1日1USドル未満で生活する絶対貧困層について、1990年の水準を2015年までに半減するのが人類共通の重要目標であると2000年の国連ミレニアム・サミットで決まっている。

上記の10億人は、貧困や慣習により亡くなった多数の女性や女児を含まない。南アジア、中東、以前の中国においては、彼女らは食べ物、医療、教育を満足に得ることができない。通常人口の性別構成をみると、女性の方が生物学的に強いので女性が男性より多いのだが、これらの地域・国では男性の方が多いのである。この「失われた女性・女児」を世界で累計したところ、その数は数

千万人規模にのぼる。これらの地域の女児にとっては、「大人になるのが夢」なのである。先進工業国では、一攫千金を夢見て、パソコンでFXトレードをする若者がいるのと対照的である。

続きは、第6章の「検証：テロと投資の最前線（パキスタン）」を参照。

2．グローバル化の進展と英米の金融覇権

（1）歴史と現状の検証

　前節でみたように、貿易や外国投資を含む広汎な経済自由化は、1980年代から英米主導により世界規模で進められてきた。市場に絶対の信頼を置くこれらの「新保守主義」政権は、自国で経済自由化を進めると同時に、世界のすべての国へ強制した。

　英米の政策パッケージは当初から金融部門・市場の自由化を含むのであった。すなわち、すべての市場を自由化しなければ経済全体の真の自由化は達成されないのである。英米両国が途上国に対して課した構造調整計画（SAP）の政策内容で明らかである。

　経済自由化の先頭を切る英国においては、80年代の前半から金融部門の自由化が始まっていたが、1986年から抜本的な金融改革が開始された。これは、ビッグバン（BIG BANG）と呼ばれた[5]。1986年からの改革は証券を中心としたものであり、具体的には外国証券会社の参入、証券売買の取引手数料の自由化である。それまで、ロンドンの金融街シティでは「優雅に働く」と言われたが、この内外の競争原理の導入は、多くの英国金融機関の破綻をもたらした。そして、シティの主要会社の多くはアメリカなど海外勢が占めることとなったのである。

　アメリカは従来から金融市場を含めて経済全体の自由化が進んでいたが、1989～92年のブッシュ政権、1993～2000年の民主党クリントン政権でも自由化が推進され、21世紀になって急激な金融自由化が進んだ。日本でも、クリントン政権の圧力もあり、1996～2001年に日本型ビックバンが実行された[6]。

表1-2 外国為替市場（4月の日平均）

(単位：100万ドル)

		1995		1998		2001		2004		2007	
		金額	比率(%)	金額	比率(%)	金額	比率(%)	金額	比率(%)	金額	比率(%)
先進工業国	日本	161	10.3	136	6.9	147	9.1	199	8.3	238	6.0
	アメリカ	244	15.5	351	17.9	254	15.7	461	19.2	664	16.6
	ユーロ圏	-	-	-	-	-	-	-	-	-	-
	ドイツ	76	4.8	94	4.8	88	5.5	118	4.9	99	2.5
	フランス	58	3.7	72	3.7	48	3.0	64	2.7	120	3.0
	英国	464	29.5	637	32.4	504	31.2	753	31.3	1,359	34.1
	スイス	87	5.5	82	4.2	71	4.4	79	3.3	242	6.1
	オーストラリア	40	2.5	47	2.4	52	3.2	81	3.4	170	4.2
	中国(本土)	-	-	0	0.0	-	0.0	1	0.0	9	0.2
	中国(香港)	90	5.7	79	4.0	67	4.1	102	4.2	175	4.4
	韓国	-	-	4	0.2	10	0.6	20	0.8	33	0.8
	シンガポール	105	6.7	139	7.1	101	6.2	125	5.2	231	5.8
	インドネシア	-	-	2	0.1	4	0.2	2	0.1	3	0.1
	マレーシア	-	-	1	0.1	1	0.1	2	0.1	3	0.1
	フィリピン	-	-	1	0.1	1	0.1	1	0.0	2	0.1
	タイ	-	-	3	0.2	2	0.1	3	0.1	6	0.2
新興市場国・経済	ベトナム	-	-	-	-	-	-	-	-	-	-
	インド	-	-	2	0.1	3	0.2	7	0.3	34	0.9
	パキスタン	-	-	-	-	-	-	-	-	-	-
	チェコ	-	-	5	0.3	2	0.1	2	0.1	5	0.1
	ハンガリー	-	-	1	0.1	1	0.0	3	0.1	7	0.2
	ポーランド	-	-	3	0.2	5	0.3	6	0.3	9	0.2
	ルーマニア	-	-	-	-	-	-	-	-	3	0.1
	ロシア	-	-	7	0.4	10	0.6	30	1.2	50	1.3
	トルコ	-	-	-	-	1	0.1	3	0.1	3	0.1
	アルゼンチン	-	-	2	0.1	-	-	1	0.0	1	0.0
	ブラジル	-	-	5	0.3	5	0.3	3	0.1	5	0.1
	チリ	-	-	1	0.1	2	0.1	2	0.1	4	0.1
	コロンビア	-	-	-	-	0	0.0	1	0.0	2	0.0
	メキシコ	-	-	9	0.5	9	0.5	15	0.6	15	0.4
	ペルー	0.0	0.0	-	-	0	0.0	0	0.0	1	0.0
	ベネズエラ	-	-	-	-	-	-	-	-	-	-
	エジプト	-	-	-	-	-	-	-	-	-	-
	南アフリカ	5	0.3	9	0.5	10	0.6	10	0.4	14	0.4

出所：Bank for International Settlements (BIS), Triennial Central Bank Survey 2007、坂元浩一（2009）『新興市場国サーベイ―グローバル・スタンダードと構造改革』大学教育出版、を利用して筆者作成。
注：比率は世界全体に占める数字。

こうした英米の金融自由化の急激な進展は、両国の市場の拡大をもたらした。表1-2をみると、英国と米国の「金融覇権」という状況が見てとれる。

加えて、ヘッジファンドが巨額な利益を上げるに駆使した金融派生商品（デリバティブ）については、両国の寡占状況はより顕著である。取引所取引より店頭取引（over-the-counter：OTC）が多く、具体的な投資商品としては通貨オプション、金利スワップ、通貨先物などがある（これらの商品の説明については、第4章2．(3) 参照）。

表1-2と同じデータによると、2007年4月の日平均で、イギリス42.5％、アメリカ23.8％である。外国為替以上にイギリスの比重が大きいということである。今回の危機の対策として、金融部門の規制が挙がっており、積極的でないイギリスやアメリカはこの既得権益を守ろうという姿勢があっても当然のことである。

(2) 検証：ブッシュの暴走とクルーグマンの抵抗

ブッシュ政権は、2001年1月に発足し、同年9月に同時多発テロに遭遇する。その報復として、10月からアフガニスタンに侵攻し、2003年にはイラク侵攻を始める。国際政治上、軍事上、アメリカ一国主義が幅を利かせたブッシュ政権であったが、経済政策の面でも他の国に対して金融自由化を含めた政策実施を強制した。

既述のように、1980年代におけるIMF・世銀主導の構造調整計画（SAP）、特にラテン・アメリカのそれを、1989年に「ワシントン・コンセンサス」と名付けたのは、米国国際経済研究所のウィリアムソンである。

その後の政策面の変更をみると、ウィリアムソン（2003）は「現在ではワシントン・コンセンサスは存在しなくなった、それはブッシュ政権のアメリカと世界の他国との間にもたらした深い亀裂のためである。現在のアメリカ政府との間でコンセンサスがない例として、国際的な資本取引の自由化が挙げられる。IMFはアジア通貨危機の教訓から、その政策を完全に支持しなくなったが、アメリカ政府は依然として強い支持を表明している。その他、アメリカ政府の財政赤字や貿易政策へのIMFなどの批判、ブッシュ政権の所得分配の軽視が

挙げられる。」[7]

　ブッシュ政権の政策に真っ向反論したのが、プリンストン大学のクルーグマン（KRUGMAN, PAUL）教授である。同氏は著名な経済学者であると同時に、ニューヨークタイムズの名コラムニスト（経済以外もカバー）であり、2008年のノーベル経済学賞に輝いている。

　かれの批判や提案はかなり刺激的であり、多くの論説は世界中で読まれ、また日本でも経済学テキストを含めた和訳本が多く出版されている[8]。

　ブッシュ批判の代表的な著作が、2003年刊行の「The Great Unraveling: Losing Our Way in the New Century」であり、翌年出版の和訳本のタイトルは『嘘つき大統領のデタラメ経済』である。英文のタイトルの初めの部分を直訳すると、「偉大なる仕業」であるが、ブッシュ大統領の「仕業」を酷評しているのである。

　和訳本のカバーが面白い。ブッシュ大統領の写真があり、かれの口でチャックが閉められており、喋るな、話すな、という強烈な批判である[9]。

　クルーグマンのオフィシャルHPに加えて、かれの熱狂的なファンが運営するUNOFFICIAL　HPは充実している。その中で、かれがいろいろなところで本書について講演しているのがわかる。

　この本は好評で多くの人に受け入れられたようであるが、2001年のブッシュ政権樹立当初からその経済政策を厳しく批判しており、またイラク戦争など非経済的なテーマについても反論したため、同時多発テロ後の愛国主義的風潮の中で、クルーグマンは厳しい批判にさらされた。また、かれによれば、生命の危険さえ感じたことがあったと言う。

　かれによれば、ホワイトハウスのベテラン記者、ヘレン・トーマスはブッシュ氏を「史上最悪の大統領」と呼んだが、クルーグマンも大統領の無能と誤った政策がアメリカと世界に与える悪影響を憂えて批判を続けたのである。

　政策内容については、1993～2000年の民主党クリントン政権下で、情報革命による持続的な高度成長が続き財政が黒字になっていた。しかし、ブッシュ政権は以前の共和党政権の政治を踏襲して、当初から大幅な減税を行ったが、その結果2002年から財政赤字に転じ、その後赤字幅は拡大を続ける。クルー

グマンはこの減税政策を厳しく非難する。

　金融面でも、グリーンスパン連邦準備理事会（日銀にあたる）議長も含めて、緩和政策を続け、また市場の自浄機能に委ねるとして監督を怠った。加えて、巨大な規模で進んでいた企業の不正行為と当局との癒着を明らかにした。

　今日の金融危機の原因として、アメリカの大きな財政赤字が挙げられているが、クルーグマンは早くからその危険性を認知して批判したのである[10]。

3．新興市場国・経済と金融自由化

（1）　歴史と現状の検証
1）IMF・世界銀行による新興市場経済誕生

　2008年9月のリーマン・ショック以降の世界経済を立ち直らせるために、先進国クラブのG7だけでなく、中国やブラジルなど12の新興市場経済・国（Emerging market economies）が加わり、G20金融サミットが開催されてきた。

　今日の新興市場経済を生み出したのは、国際通貨基金（IMF）と世界銀行（World Bank）である。

　その背景としては、第2次世界大戦後に政治的独立を勝ち取った多くの途上国は、経済的自立も目指して、政府主導で工業化を中心とする経済開発を開始した。当時、1930年代の大恐慌を克服したケインズ主義による経済への政策介入が当然視されていたし、第2次世界大戦後の欧州復興がアメリカによるマーシャル・プランによるところが大きかった。もちろん、途上国には十分な民間資本がなく、政府が資源の動員を行わなければならなかったという点はある。

　しかし、途上国・地域においては、1970年代の2回の石油ショックを背景とした第一次産品価格の上昇が同年代末に終わりを告げ、また石油危機による先進工業国の不況も相俟って、多くの途上国が深刻な経済危機に見舞われた。

　その打開のための融資の要請を受けた両国際機関は、1980年を皮切りに、融資の条件として急速な経済自由化を中心とした構造改革ないし構造調整計画

(Structural Adjustment Program: SAP) を、世界中の途上国で強制的に推進したのである。融資の条件は政策条件ないしコンディショナリティと呼ばれた。

この体制はアメリカを中心とするドナー側の圧力で推進されることになる。IMF・世銀主導で他の援助国・機関の援助の調整及び動員を開始し、これまで日本を含むその他の主要援助国・機関もこの枠組みで援助してきた。

世界銀行が構造調整支援の融資を最初に供与したのは1980年である。当時の被融資国は世界の各地域にまたがっており、ケニア、トルコ、ボリビア、フィリピンなどである。平行して、国際通貨基金（IMF）の従来型の国際収支支援の融資も供与されることとなった。そして、支援の条件となる構造調整計画が、IMFと世銀主導で進められることとなった。

被融資側は、自国の政策への介入に反発を感じながらも、対外債務支払困難と深刻な外貨不足に直面して、融資や援助の条件となっている構造調整計画を甘受してきた。

中所得国については、IMFがマクロ経済安定化に加えて構造改革を含む政策条件をつけ、低所得国についてはマクロがIMF、セクター以下の構造改革は世界銀行が担当した。

同計画を義務付けるにあたって、世銀は各国の経済停滞の原因として、開発初期の低い発展レベル（例えば、インフラの不備や技術の欠如）という初期条件と、主要輸出品の国際価格の低迷に代表される国際経済環境の悪化の2つを挙げながらも、各国が採用してきた社会主義志向の内向きの輸入代替工業化を中心とする開発政策が経済状況をさらに悪化させていると述べて、経済自由化を主な内容とする構造調整計画の導入を主張した。

ラテン・アメリカにおいては、1982年のメキシコの大規模な債務危機が同地域におけるSAPの開始となる。その後、同様な債務危機に陥った同地域の多くの国々が一斉にSAPを開始することとなった。同国は、1994～95年にも再度大規模な債務危機に陥った。

同地域は比較的所得レベルが高いが、アメリカを中心とする欧米資本の投融資が多く、NAFTAの同盟国であるメキシコを筆頭に、アメリカ主導で両機関を通じて債務救済と融資による支援が行われた。

上記のように、アメリカ国際経済研究所のウィリアムソンが、ラテン・アメリカ地域における IMF・世界銀行主導の経済改革を「ワシントン・コンセンサス」と定義したのが1989年である[11]。国際的取引での制約がほとんどない国が多く、多くの外国投資が行われているのがこの地域である。

IMF・世界銀行の政府の機構改革をも含む経済の構造改革に対して多くの批判があったが、両機関と米欧諸国はその実施を貫徹し、途上国の多くで自由化が進み、新興市場国と呼ばれる国々が出現した。

2005年1月末現在のIMF融資の一覧は、表1-3の通りである。ブラジル、アルゼンチン、トルコなどが大口の被融資国である。この表にはアフリカなどの貧困国も挙げておいたが、多数の国々がIMFの融資を仰いで構造改革を進めていたのである。1999年に続いて2002年に金融危機に見舞われたブラジルへの融資は史上空前の規模であった。

2）新興市場経済の概要

新興市場経済は、世界経済に占める比重が高まった途上国や移行経済を指す。それは、国だけでなく、香港などの地域も指す。IMF、世界銀行主導の自由化のお蔭で、投融資先として重要性が高まった国々、地域である。具体的には、先進工業国を中心とする製造業など投資家、国際金融関係者、特に短期投資家が注目する国々である。

そして、両機関の政策を直接的に受けていない国々、例えば中国やシンガポールなども両機関が進める世界規模の自由化などに大きく影響を受けて、自国で実施してきた。中国は、2001年に貿易その他の自由化の基準を満たしてWTOに加盟した。

狭義の新興市場経済の具体的な国名としては、英国 Economist（エコノミスト誌、隔週刊）の最終面で、以前「Emerging Market Indicators」で取り上げられた国々である。現在では、最終面に先進工業国と一緒に、主要経済指標の一覧表がある。

筆者は、2009年に『新興市場国サーベイ』を刊行したが、26の新興国・地域を世界から選んで、種々の指標などによる比較を行った。対象国は以下の通

表1-3 IMFの金融危機支援

(2005年1月31日現在)

被融資国	承認日	失効日	承認額(百万SDR)	未引出額(百万SDR)
①スタンドバイ信用				
アルゼンチン	2003. 9.20	2006. 9.19	8,981.00	4,810.00
ボリビア	2003. 4. 2	2005. 3.31	128.64	26.80
ブラジル	2002. 9. 6	2005. 3.31	27,375.12	10,175.48
ブルガリア	2004. 8. 6	2006. 9. 5	100.00	100.00
コロンビア	2003. 1.15	2005. 4.14	1,548.00	1,548.00
クロアチア	2004. 8. 4	2006. 4. 3	97.00	97.00
ドミニカ	2005. 1.31	2007. 5.31	437.80	385.26
ガボン	2004. 5.28	2005. 7.30	69.44	27.78
パラグアイ	2003.12.15	2005. 9.30	50.00	50.00
ペルー	2004. 6. 9	2006. 8.16	287.28	287.28
ルーマニア	2004. 7. 7	2006. 7. 6	250.00	250.00
トルコ	2002. 2. 4	2005. 2. 3	12,821.20	907.20
ウクライナ	2004. 3.29	2005. 3.28	411.60	411.60
ウルグアイ	2002. 4. 1	2005. 3.31	1,988.50	139.8
小　計			54,545.58	19,216.20
②拡大信用供与ファシリティ				
セルビアモンテネグロ	2002. 3.14	2005. 3.13	650.00	187.50
スリランカ	2003. 4.18	2006. 4.17	144.40	123.73
小　計			794.40	311.23
③貧困削減・成長ファシリティ				
アルバニア	2002. 6.21	2005. 6.20	28.00	8.00
アゼルバイジャン	2001. 7. 6	2005. 7. 4	67.58	12.87
バングラディシュ	2003. 6.20	2006. 6.19	400.33	251.83
ブルキナファソ	2003. 6.11	2006. 6.10	24.08	17.20
ブルンジ	2004. 1.23	2007. 1.22	69.30	42.90
カーボヴェルデ	2002. 4.10	2005. 4. 9	8.64	2.49
コートジボアール	2002. 3.29	2005. 3.28	292.68	234.14
コンゴ民主共和国	2002. 6.12	2005. 6.11	580.00	53.23
コンゴ共和国	2004.12. 6	2007.12. 5	54.99	47.13
ドミニカ	2003.12.29	2006.12.28	7.69	4.71
ガンビア	2002. 7.18	2005. 7.17	20.22	17.33
グルジア	2004. 6. 4	2007. 6. 3	98.00	70.00
ガーナ	2003. 5. 9	2006. 5. 8	184.50	105.45
ガイアナ	2002. 9.20	2006. 9.12	54.55	37.06
ホンジュラス	2004. 2.27	2007. 2.26	71.20	50.86
ケニア	2003.11.21	2006.11.20	225.00	150.00
キルギス	2001.12. 6	2005. 4. 5	73.40	9.56
ラオス	2001. 4.25	2005. 4.24	31.70	13.58
マダカスカル	2001. 3. 1	2005. 3. 1	91.65	11.35
マリ	2004. 6.23	2007. 6.22	9.33	8.00
モンゴル	2001. 9.28	2005. 7.31	28.49	16.28
モザンビーク	2004. 7. 6	2007. 7. 5	11.36	9.74
ネパール	2003.11.19	2006.11.18	49.91	35.65
ニカラグア	2002.12.13	2005.12.12	97.50	41.78
ルワンダ	2002. 8.12	2005. 8.11	4.00	1.71
セネガル	2003. 4.28	2006. 4.27	24.27	17.33
シエラレオネ	2001. 9.26	2005. 6.25	130.84	14.00
スリランカ	2003. 4.18	2006. 4.17	269.00	230.61
タジキスタン	2002.12.11	2005.12.10	65.00	29.40
タンザニア	2003. 8.16	2006. 8.15	19.60	11.20
ウガンダ	2002. 9.13	2005. 9.12	13.50	6.00
ザンビア	2004. 6.16	2007. 6.15	220.10	55.02
小　計			3,326.41	1,616.41
合　計			2,053.50	832.00

出所：IMF, *IMF Survey*, February 21, 2005
注：1 SDR = 1.52US ドル（2005年1月31日現在）。　　はサハラ以南アフリカ、19か国

りである[12]。

アジア地域
　　韓国　シンガポール　中国　インド　タイ　マレーシア
　　インドネシア　フィリピン　香港　パキスタン　ベトナム　トルコ
ラテン・アメリカ地域
　　メキシコ　ブラジル　アルゼンチン　チリ　コロンビア　ベネズエラ
　　ペルー
東欧・ロシア地域
　　ポーランド　ハンガリー　チェコ　ルーマニア　ロシア
アフリカ・中東地域
　　南アフリカ　エジプト

　国グループ別には、60年代にすでに頭角をあらわし、今日アジアを中心として重要な投資国に成長した新興工業経済群（NIEs）がある。アジアでは、欧米で four dragons あるいは gang of four と揶揄された香港、シンガポール、台湾、そして韓国である。ラテン・アメリカでは、ブラジルやメキシコが挙げられるであろう。そして、これらの国々に続くのが、上記 Economist 誌に載っている他の国であり、主に東欧諸国や ASEAN4[13] である。後者は、1997‐98 のアジア通貨危機の舞台となった国々である。

3）ゴールドマン・サックス社の BRICs 命名

　国際金融関係者の間で有名なのは、ゴールドマン・サックス（Goldman Sachs）社が2003年10月に発表した報告書である。同報告書で、昨今、国際投信の対象として脚光を浴びている BRICs が命名された。すなわち、ブラジル、ロシア、インド、中国である。その予測によれば、BRICs は、2040年にはカナダを除く G6 の経済規模を追い抜く。また、中国は2015年に日本を、2040年過ぎにアメリカを追い抜くと予想している。

　BRICs の使用は定着し、G7 の拡大会合で毎年招待されるし、今回の G20 サミットの核となった。当該4か国は近年政策協議を始めている。わが国では、BRICs を冠する投資商品が販売されている。

表1-4に、世界経済、G7とG20の国々の主要指標を示した。GDPは価格水準を除いた実質額（量）をあらわす。価格水準を含む名目上の総生産額、名目GDPでは日本は世界第2位であるが、実質GDPでは中国に大きく引き離されている[14]。

G7が実質GDPの半分を割り、BRICs、4か国がG7の半分程度の経済規模を持つことがわかる。

この表はIMF『世界経済見通し』の付録の1番目にいつも掲載されている。G7など世界の経済リーダーが見る世界経済構造（の表）であるといえる。

4）新興市場経済の経済動向

多くの途上国が強制されたとはいえ自由化を進め、それは定着した。しかし、課題として2つある。第1に、2006年に当時のIMF筆頭副専務理事であったクルーガーが述べたように、依然として多くの国々で国際金融不安が生じている。明らかに、80年代のメキシコ危機に始まる深刻な経済・金融危機はすでに解決したとみるべきだろうが、焦点はIMF、アメリカが進めた世界規模での国際金融自由化によって世界中を駆け巡る多額の資本の動きが各国を金融不安に陥れる可能性があるのである。

第2に、各国内における所得格差、貧困の問題である。元々反アメリカの意識が強いラテン・アメリカ地域では、不人気な政策の遂行、またその効果の不十分さを起因として、構造調整計画が頓挫し、政権の交代が行われたのは事実である。ボリビアは構造調整計画のモデル国であったが、2006年初めに誕生した政権が民営化企業の再国有化を提案している。2006年の9月のIMF『世界経済見通し』の記者会見で、ラテン・アメリカにおけるポピュリズム（大衆迎合主義）の台頭について意見交換が行われた[15]。政治的に経済自由化による格差拡大が大きな課題となっているのである。同様に、格差は世界規模での非難ともなっている。グローバル化と貧困の問題が大きくクローズアップされるようになった。

歴史を少しさかのぼると、東南アジア諸国は、1997～98年に深刻な通貨・経済危機に見舞われた。1997年7月のタイでのバーツ暴落を端緒として、そ

表1-4 世界経済構造

	国の数	実質GDP グループ内での比率(%)	実質GDP 世界での比率(%)	財・サービス輸出 グループ内での比率(%)	財・サービス輸出 世界での比率(%)	人口 グループ内での比率(%)	人口 世界での比率(%)
先進経済	33	100.0	55.3	100.0	65.1	100.0	15.2
米国		37.4	20.7	14.3	9.3	30.3	4.6
ユーロ圏	16	28.5	15.7	43.9	28.6	32.4	5.0
ドイツ		7.6	4.2	13.4	8.7	8.2	1.2
フランス		5.6	3.1	5.9	3.8	6.2	0.9
イタリア		4.8	2.6	5.3	3.4	5.9	0.9
スペイン		3.7	2.0	3.4	2.2	4.5	0.7
日本		11.5	6.4	7.0	4.5	12.7	1.9
英国		5.8	3.2	6.0	3.9	6.1	0.9
カナダ		3.4	1.9	4.1	2.7	3.3	0.5
その他の先進経済	13	13.3	7.4	24.6	16.0	15.3	2.3
メモ：							
主要先進経済（G7）	7	76.2	42.1	56.1	36.5	72.6	11.2
新興工業経済（アジア）	4	6.7	3.7	13.1	8.5	8.3	1.3
その他の新興市場経済と発展途上国	139	100.0	44.7	100.0	34.9	100.0	84.7
アフリカ	47	6.9	3.1	7.8	2.7	15.2	12.9
サハラ以南	44	5.5	2.4	5.7	2.0	13.8	11.7
ナイジェリアと南ア以外	42	2.8	1.3	3.1	1.1	10.3	8.7
中・東欧	11	7.8	3.5	10.3	3.6	2.9	2.5
独立共同体	13	10.3	4.6	11.5	4.0	5.0	4.3
ロシア		7.4	3.3	7.6	2.7	2.6	2.2
アジア	23	46.9	21.0	39.5	13.8	62.4	52.9
中国		25.5	11.4	24.1	8.4	23.8	20.2
インド		10.7	4.8	3.9	1.4	21.4	18.1
中国とインドを除くアジア	21	10.8	4.8	11.5	4.0	17.2	14.5
中東	13	8.7	3.9	16.2	5.6	4.4	3.7
西半球地域	32	19.3	8.6	14.7	5.1	10.0	8.5
ブラジル		6.4	2.9	3.3	1.2	3.4	2.9
メキシコ		5.0	2.2	4.5	1.6	1.9	1.6
メモ：							
BRICs	4	50.0	22.4	38.9	13.7	51.2	43.4
重債務貧困国（HIPC）	32	1.8	0.8	1.3	0.5	8.7	7.3

出所：International Monetary Fund (IMF), World Economic Outlook, April 2008、を利用して筆者作成。

の危機は近隣国に波及して、東南アジアを中心とするアジア各国が瞬く間に経済不況に陥った（次節参照）。

その後、東南アジア地域では2003年には危機前の水準まで見事に経済が回復したが、両国際機関の指導下で同様に構造改革、特に金融自由化を進めたアルゼンチン、ブラジル、トルコなど新興市場経済において、21世紀になっても国際金融危機が生じてきた。ブラジルは1999年と2002年に経済危機に陥り、ロシアは1998年に危機に直面した。

近年の状況については、世銀の『世界開発金融』2006年版によれば、2005年の成果として、途上国への国際民間資本（債券と株式）の流入が純額で4,910億ドルと過去最高水準に達した。理由として、アジアやラテン・アメリカの現地通貨建て債券市場が、高利回りと為替差益による高収入をもたらしたことが挙げられている。また相次ぐ民営化や国際的吸収・合併により外国直接投資（FDI）が大幅に伸びていることが報告されている。

表1-5は新興国を含む途上国・地域への資本の流入状況である。近年において、長期フロー（ODAを含む貸付）、直接投資、証券投資の水準が高くなっているのがわかる。特に、東欧諸国への西欧諸国からの直接投資の伸びが高く、これが今回の金融危機において同地域が大きな悪影響を受けた原因となっている。

表1-6は世界の株式市場を示したものである。新興市場国の株価は2008年に激減しているのがわかる。

要約すると、IMF・世銀主導の経済自由化によって今日の新興市場経済は登場したといえる。また、その成長の力強さは本物であるが、同じく自由化によって生まれた巨大な国際金融資本の動きが新興市場の各国に大きな影響を与えるようになっている。

表1-5 新興市場国・途上国への資本流入

(単位:100万USドル)

	2004	2005	2006	2007
世界の途上・移行地域				
①長期資本フロー	76,387	101,780	160,485	283,310
②海外直接投資	225,546	288,472	367,492	470,782
③証券投資	40,372	68,885	104,849	145,100
アジア				
①長期資本フロー	4,374	5,958	15,848	26,542
②海外直接投資	70,263	104,184	104,972	117,385
③証券投資	19,313	26,112	54,837	48,600
欧州				
①長期資本フロー	64,708	76,606	147,032	166,171
②海外直接投資	63,521	72,224	124,581	161,560
③証券投資	5,103	7,906	11,085	20,700
ラテン・アメリカ				
①長期資本フロー	-3,242	11,065	-6,053	29,911
②海外直接投資	64,580	70,401	70,459	107,176
③証券投資	-586	12,461	11,440	28,100
南アジア				
①長期資本フロー	6,386	4,348	21,307	33,824
②海外直接投資	7,586	9,965	22,916	28,864
③証券投資	8,990	12,399	10,428	35,400
中東				
①長期資本フロー	-926	-433	-12,958	7,639
②海外直接投資	7,111	14,407	27,503	30,515
③証券投資	866	2,626	1,971	2,100
サハラ以南アフリカ				
①長期資本フロー	5,087	4,234	-4,693	19,224
②海外直接投資	12,485	17,289	17,063	25,283
③証券投資	6,684	7,381	15,088	10,200
中所得国				
①長期資本フロー	66,408	96,630	141,620	234,854
②海外直接投資	208,149	267,609	325,781	431,782
③証券投資	31,269	56,218	94,056	-
低所得国				
①長期資本フロー	9,979	5,151	18,865	48,456
②海外直接投資	17,397	20,862	41,711	39,000
③証券投資	9,102	12,668	10,793	-

出所:World Bank, Global Development Finance (GDF) 2008, May 2008, を利用して筆者作成。

表1-6 株式市場

	時価総額(100万ドル) 2007	2002	2003	2004	株価指数(年度末) 2005	2006	2007	2008	年平均増加率(%) 2003-2007
世界		792.2	1036.3	1169.3	1257.8	1483.6	1588.8	920.2	14.9
新興市場国・経済		292.1	442.8	542.2	706.5	912.7	1245.6	567.0	33.7
ラテン・アメリカ		658.9	1100.9	1483.6	2150.0	2995.7	4400.4	2077.7	46.2
アルゼンチン	86,684	470.3	933.6	1163.0	1857.1	3084.1	2918.8	1304.0	44.1
ブラジル	1,370,377	395.4	802.0	1046.6	1569.4	2205.4	3867.2	1638.2	57.8
チリ	212,910	445.5	800.6	997.3	1180.7	1492.4	1802.8	1130.9	32.3
コロンビア	101,956	68.3	108.6	245.0	495.7	549.8	619.3	447.9	55.4
メキシコ	397,725	1442.8	1873.1	2715.6	3943.6	5483.3	5992.1	3356.8	32.9
ペルー	105,960	182.7	344.1	343.4	441.3	671.4	1248.7	719.3	46.9
ベネズエラ	8,251	77.7	103.8	151.0	107.4	174.1	163.4	163.4	16.0
アジア		140.4	206.4	231.6	286.2	371.5	513.7	235.8	29.6
中国	6,226,305	14.1	25.5	25.3	29.3	52.1	84.9	40.8	43.2
インド	1,819,101	148.8	246.2	273.1	382.9	390.6	668.9	233.6	35.1
インドネシア	211,693	519.6	831.1	1324.0	1579.8	449.3	677.6	287.5	5.5
韓国	1,123,633	184.7	246.0	256.4	386.3	336.7	437.5	193.1	18.8
マレーシア	325,663	244.0	300.4	335.9	329.0	288.6	408.6	231.3	10.9
パキスタン	70,262	146.0	188.2	217.1	333.3	141.2	187.1	46.1	5.1
フィリピン	103,224	210.1	303.7	381.1	431.9	263.2	363.4	167.9	11.6
タイ	196,046	130.2	280.5	263.9	292.0	189.7	267.4	132.8	15.5
台湾		189.5	259.1	257.7	275.8	278.8	294.0	150.8	9.2
香港	1,714,953	4808.4	6341.3	7668.5	8016.2				
シンガポール	276,329	764.9	1005.1	1148.1	1295.4				
ベトナム	19,542								
サウジアラビア	515,111								

欧州・中東・アフリカ								
チェコ	73,420	108.4	163.9	222.7	300.3	364.4	458.2	198.2	33.4
エジプト	139,289	116.2	152.9	234.8	371.5	546.5	828.9	455.5	48.1
ハンガリー	47,651	97.4	234.6	505.3	1215.7	829.2	1284.0	591.7	67.5
イスラエル	236,361	535.5	646.9	1057.0	1447.0	1003.0	1137.4	427.1	16.3
ヨルダン	41,216	90.8	141.4	167.4	209.3	194.4	264.0	182.4	23.8
モロッコ	75,495	153.5	238.3	379.2	650.6	209.1	252.9	162.5	10.5
ポーランド	207,322	138.5	171.4	189.1	231.3	361.9	521.2	453.6	30.3
ロシア	1,503,011	861.0	1118.3	1419.3	1867.4	1223.4	1501.2	657.5	11.8
南アフリカ	833,548	270.7	461.1	479.9	813.4	1250.3	1536.4	397.0	41.5
トルコ	286,572	272.7	296.8	352.4	492.0	443.1	508.3	305.1	13.3
ルーマニア	44,925	169900.4	319807.8	425008.5	645739.1	441.7	751.1	275.0	(66.2)
先進工業国									
日本	4,726,269	524.3	637.3	699.1	999.3	1060.2	940.1		12.4
米国	19,425,855	824.6	1045.4	1137.4	1180.6	1336.3	1390.9		11.0
イギリス	3,794,310	1179.2	1348.7	1453.0	1685.3	1865.6	1920.8		10.3
ユーロ圏	8,639,721								
ドイツ	1,637,826	56.0	74.6	79.2	98.2	116.9	139.7		20.1
フランス	2,428,572	81.3	93.2	100.6	124.9	147.1	147.1		12.6
スイス	1,212,508	603.2	714.3	747.1	994.6	1159.5	1117.0		13.1
オーストラリア	1,095,858	604.4	655.5	797.9	959.6	1135.1	1273.7		16.1

出所：IMF, Global Financial Stability Report (GFSR), October 2008, April 2009（株価指数）、World Bank, World Development Indicators (WDI), 2008（時価総額）を利用して筆者作成。
新興市場国・経済と世界について、2005年まではGFSR 2008年10月版、2006-08年は2009年4月版。
先進工業国については、GFSR 2008年10月版。

（2）　検証：地の果てのサムライ債破産と暴動（アルゼンチン）

　以下は、拙著（2008）『IMF・世界銀行と途上国の構造改革』大学教育出版の「エピソード8　アルゼンチンでのサムライ債焦げ付き」からの引用である。

　　2001年の年末から2002年の年始にかけて、連日アルゼンチンの経済危機が日刊各紙で報道された。2001年のワールド・カップ南米予選でダントツの強さを見せたアルゼンチンは、2002年の日韓合同のワールド・カップにおける優勝候補に挙げられていたが、2001年12月には2つの政権が崩壊し、スーパー略奪などの暴動も発生した。

　　1868年に当時の途上国、日本が、明治維新を行って近代化を開始した時、南米の白人国家アルゼンチンは世界の先進国であった。1914年から1918年にかけての第一次世界大戦において穀物輸出を行った同国は、世界で最も外貨準備を有する国であった。

　　この20世紀初頭の先進国は、その後の経済政策の誤りで途上国に転落する。過度な輸入代替工業化による効率の低下、急進的な社会保障主義の導入による財政赤字と自助努力の阻害などにより経済が疲弊して、国際収支赤字、年率100％を超えるインフレにより、1980年代に未曾有の危機に直面した。

　　1980年代は中南米とアフリカにとって「失われた10年」と呼ばれる経済の低迷に見舞われた。しかし、IMF・世銀の構造調整計画の実施により、アルゼンチンでもそれ以降経済安定化と経済回復が達成された。

　　しかるに、2001年9月の米国に対する同時多発テロにより国際金融資本の動きが滞る中で、最大の影響を受けたのがアルゼンチンであった。2001年末からの経済危機の特徴は、80年代のそれと同じく、1991年からのドルとの固定相場制を維持できなくなったことである。その後IMFとの交渉は難航を極めることになる。

　　同国の災難は他人事でなく、日本投資家も大手証券会社を介して同国の国債を購入していた。アルゼンチン政府発行の円建て外債、通称サムライ債であるが、総額1千億円が回収不履行となった。青森県の外郭団体が33億円、岩手県の農協団体が99億円と複数の公的機関も同国の債券を購入しており、その回収が困難となって事業運営が困難に直面した。加えて、スペイン大手銀のみならずドイツ銀行、ドレスナー銀行も大損失を被った。

4．アジア金融危機（1997〜1998）

（1）歴史と現状の検証
1）経　緯

　東南アジア諸国は、第2次世界大戦後、今日のアジアＮＩＥｓ（新興工業経済群）を筆頭に高度成長を実現した。東南アジアの他の国々、マレーシア、タイなどがそれに続いた。そして、世界銀行は1993年に『東アジアの奇跡（East Asian Miracle）』を発行し、ある程度の政府の介入を認めながらも、市場志向の政策が高度成長を導いたと結論付けた。

　ところが、今回のアメリカを震源地とする世界金融危機に遡ること約10年、東南アジア諸国は、1997〜98年に深刻な金融危機に見舞われた。1997年7月のタイでのバーツ暴落を端緒として、未曾有の経済不況が東南アジア全域を覆い、数百万にのぼる人びとを貧困に引き戻したとされた。

　経過として、1997年の前半から、固定相場のバーツに対する外資売りが生じており、それに対処して7月2日に変動相場制度に移行したのが発端である。その後、外国資本が急激にタイから流出を始めて、経済の悪化が急速に進んだ。

　タイの危機は近隣国に波及して、各国の通貨が売りあびせられることになった。当時、巨大資本（ヘッジファンド）による通貨への投機と資本引き揚げが指摘されており、マレーシアのマハティール首相がクォンタム・ファンドを率いる国際投資家ジョージ・ソロス氏を名指しで批判した[16]。その後、東南アジア地域の各国が瞬く間に経済不況に陥った。

　そして、他の地域の新興市場経済の国々（ロシアやブラジル）にも波及し、最後はアメリカの株式の売りに発展した。

　IMFの指導下に入ったのは、タイ、インドネシア、韓国であった。アジア通貨危機時のIMFの対応として、1997年8月にタイに対してスタンドバイ信用が供与された。1997年11月にはインドネシアが、12月には韓国がIMFのスタンドバイ信用を受けて、構造調整を実施することになった。自国通貨買い支えで外貨準備が払底した韓国までIMF融資を求めることとなった。今回の

金融危機でも韓国は同様な事態に追い込まれ、アメリカ連邦準備理事会（中央銀行）との通貨スワップ協定に頼る通貨買い支えを余儀なくされた。

アジア通貨危機時のIMF融資は表1-7に示した。韓国への融資額は、IMFにとって史上最高の融資となった。

IMFの処方箋（政策内容）はこれまで論じてきたことと同じで、総需要抑制政策と為替レート切り下げによる国際経常収支赤字の削減と経済の広汎な自由化であった。固定為替相場の変動相場制度への移行も行われた。資本勘定における自由な取引は継続された。

3か国のうち、経済不況が最も深刻であったインドネシアにおいては、IMFの勧告にしたがって、ナショナル・プロジェクトであった航空産業、自動車産業の自国製品製造プロジェクトが取りやめとなった。経済不況を契機とする社会不安で、スハルト大統領が1998年に退陣に追い込まれた。

インドネシアにおいては、1998年、IMF勧告に従う補助金削減による生活必需品の価格高騰に対して暴動が起こった。首都ジャカルタに火の手が上がる写真が日本の各紙の第一面に掲載された。同国は日本最大級の援助国、投資国であって、当時の橋本首相が陣頭指揮をとって、日本人の救出、資産の保護にあたった。

重要な点は、SAPの主要政策である国際金融の自由化による負の面が出たということであり、一国レベルの危機が容易に他の国や地域にすばやく波及し

表1-7　アジア金融危機時のIMF融資

（単位：100万SDR）

	融資手段	承認日	失効日	承認額	引出額
インドネシア	EFF	2000. 2. 4	2003.12.31	3,638.00	3,638.00
	EFF	1998. 8.25	2000. 2. 4	5,383.10	3,797.70
	スタンドバイ信用	1997.11. 5	1998. 8.25	8,338.24	3,669.12
韓　　国	スタンドバイ信用	1997.12. 4	2000.12. 3	15,500.00	14,412.50
	SRF	1997.12.18	1998.12.17	9,950.00	9,950.00
	スタンドバイ信用	1985. 7.12	1987. 3.10	280.00	160.00
	スタンドバイ信用	1983. 7. 8	1985. 3.31	575.78	575.78
タ　　イ	スタンドバイ信用	1997. 8.20	2000. 6.19	2,900.00	2,500.00
	スタンドバイ信用	1985. 6.14	1986.12.31	400.00	260.00

出所：IMFホームページ。
注：EFFは拡大信用供与ファシリティ、SRFは補完的準備制度。

たということである。当時のカムドゥシュ IMF 専務理事が呼んだ、まさしく「21 世紀型の危機」であった。

2）IMF 批判と危機の原因

アジアの金融危機の際、IMF の処方箋は厳しい批判にさらされることになった。すなわち、IMF が勧告した政策が東南アジアを中心とする地域全体に不況をもたらしたことによる。通貨の大幅な下落を防ぐには、政府支出の削減など短期的に不況政策を採って、輸入を減少させて、国際収支の改善や外資の獲得が必要であった。この総需要抑制が IMF の代表的な政策であったが、各国で厳しい不況政策を強いたことが、国際的な波及を通じて当該国と地域の経済をさらに悪化させたと批判された。

問題は、輸出による外貨獲得能力がないという構造的な問題なのか、一時的に外貨がなくなった一過性のものなのか、あるいは流動性の問題なのか、ということである[17]。

アジア経済の問題は、構造的に外資を稼ぐ能力がないということではなくて、外国人投資家による資本の引き揚げ、すなわち一時的な外資不足によるものであって、IMF の政策は間違えているとの批判であった。

すなわち、支払能力に問題がないのに厳しい総需要抑制により輸入減少を図り、各国に深刻な経済不況を起こしたというものであった。そして、各国の総需要抑制が地域全体の不況を深刻化させたのである。

日本及び世界の有識者の多くは上述のような見解を持っているが、筆者は次の 2 点を加えたい。第 1 に、危機前のタイはバブル状態にあり、支払い能力の問題もあったとみる。タイの経常収支赤字の GDP に占める比率は 1995 年と 1996 年において − 8％台と大きくなっていた[18]。この間、タイ・バーツはアメリカ・ドルとリンクされた固定相場を維持していた。為替レートが経済の実勢と乖離して割高になっているのを狙って、投資家が売り注文を出していたのである。本来は赤字により通貨が切り下げられなければならなかったわけである。同様のことは、1994 年のメキシコの通貨危機でも起こった。つまり、経常収支赤字にもかかわらず割高な水準で為替レートは維持されており、売り注文が

大量に発生し、また投機に発展したのである。

　危機以前の性急な短期資本自由化が膨大な資金流入とそれに伴う不動産投機を中心とするバブル経済を引き起こしていたのである。日本のバブルの経験と同じくその終焉後の反動が大きかったのであり、タイの金融機関は多額の不良債権を抱えていた。

　第2に、1994年に中国の通貨、元が大幅に切り下げられて、中国の輸出品の国際競争力が高まり、また海外からの中国への投資が増大した。つまり、東南アジア諸国の国際競争力が中国の通貨切下げで大きく損なわれたのである。

　1995年以降の直接投資の動向をみると、中国では激増したのに対して、東南アジアの主要国では軒並み低下したのであった。この投資減も輸出産業の競争力の低下、ひいては国及び地域の競争力の低下に結びついたのであろう。

　そうした状況を観察していた外国資本は、タイ・バーツが割高であると認識していたであろうし、危機開始後のさらなる資本流出が必要と見ていたであろう。

　この2点に対処するという意味では、IMFの総需要抑制と為替レート切り下げの政策は、短期的には正しい処方箋であったと言える。

　ただし、筆者は多くの識者が批判するように、経済危機の深刻化の原因として流動性の問題が大きかったことも認めるものである。また、一国のレベルでのIMF処方箋に基づく強烈な需要引き締めが及ぼす国際的な影響が見過ごされたという点は重要である。問題は、引き締め政策の程度が大きすぎたということであろう。

（2）検証：炎上するジャカルタと大統領を見下ろすIMFトップ

　アジア金融危機時、インドネシアにおいて、1998年5月5日のIMF勧告の補助金削減による生活必需品などの価格高騰が暴動に発展した。『アジア動向年報』に以下の記述がある。

　　1998年5月13日の暴動は、14日に入り収拾のつかない状況にまで発展する。ジャカルタ北部の中華街コタで暴動が発生、華人商店や住宅に対する投石, 略奪, 放火,

暴動といった行為が大規模に展開された。この暴動は瞬く間にジャカルタ市内全体に広がり、市内の各所で火の手が上がった。華人商店やスーパーでは、中下層の住民が店内の商品を略奪するという光景が随所で見られた。＜中略＞こうしてジャカルタの首都機能は完全に麻痺してしまった。この暴動や火災に巻き込まれて死亡した人の数は 1,000 人以上にのぼる（6 月 2 日の国家人権委員会の発表によれば、死者 1,188 人）。[19]

タイの金融危機はインドネシアに波及して、同国は、1997 年 10 月に IMF との間で構造改革政策に合意していた。そして、「1998 年 1 月 15 日、（経済の悪化に）追いつめられたスハルト大統領は、来訪したカムドゥシュ IMF 専務理事が腕組みをして見下ろす傍らで、IMF による経済改革を全面的に受け入れることを定めた第 2 次合意書に署名せざるをえなくなった[20]。」この写真は、先進国主導で運営される IMF の傲慢さを示すものとして各紙に掲載された。

同大統領は、暴動後の 5 月 21 日に退陣を発表し、32 年間にわたるスハルト体制が崩壊した。

（3）検証：アジア金融危機の処方箋—「拝啓　マレーシア首相殿」—

マレーシアは、タイなどが IMF の政策にしたがって変動相場制度への移行と国際金融取引の自由化を実施したのに対して、急激な資本流失に対処すべく、1998 年 9 月に為替管理を導入した。具体的には、通貨 ringgit を US ドルとの固定相場とすること、そして為替管理と資本取引の管理の強化である。

これらの措置がとられた際、IMF を中心とする国際金融界は厳しく批判した。自由化に反する政策は、最終的には外資に敬遠されて経済回復につながらないとの意見が大部分であった。

この措置に対して、マハティール首相にアドバイスを試みたのが、当時アメリカのマサチューセッツ工科（MIT）大学教授であった高名な学者、クルーグマンであった。1998 年 9 月 1 日にかれのホームページで、AN OPEN LETTER TO PRIME MINISTER MAHATHIR を発表、その手紙は「Dear Dr. Mahathir」で始まる。マレーシアのマハティール首相に当てたものである[21]。その内容は米国 FORTUNE 誌で取り上げられ、シンガポールの代表紙

The Straits Times 9月3日号に全文掲載された。この論説のタイトルも「Dear Dr. Mahathir」である。

同教授は、その小論で、以下の4点をアドバイスした。

① 一連の管理は最小限にとどめること。渡航者の持出し額制限など細かいところまで介入するな。

② 為替管理は、経済回復のための一時的措置とみなすこと。3年あるいはそれ以内に同措置をいつまでに取り止めるとの声明を出す。

③ 為替レートが過大にならないようにすること。輸出に悪影響を与えてしまう。

④ 構造改革を怠らないこと。管理は不良債権処理など改革のための支援であって、代替策であるとみなさないこと。

アドバイスの要点は、政府が金融市場をしっかり管理すべきであるということである。その後、この政策が功を奏して、マレーシア国内で景気刺激策が採用されて経済が回復した。タイのGDPが1998年に10%以上も下落したのとは対照的である。

今日では、IMFも資本のグローバル化に抗するために一定の政府の介入を認めている。そして、現在の世界金融危機において、国際金融市場への政府の規制が中心課題となっている。

ところで、マレーシア政府はその後も為替管理を続けて、2006年4月時点でも固定相場制度を維持している。米国やIMFが主唱する変動相場制度に見事に反旗を翻して、勝利を得たようである。

文献・注

1) Williamson, J. (2003), "From Reform Agenda to Damaged Brand Name," *Finance and Development September 2003*, International Monetary Fund, p.10.

Cliftは、「ワシントン・コンセンサスを越えて」という小論で、アメリカ政府財務省主導のワシントン・コンセンサスの背景として、1989年のベルリンの壁の崩壊、ソ連軍のアフガニスタンからの撤退、天安門事件を挙げて、社会主義体制の崩壊と資本主義体制の勝利に言及している。 原典は以下。Clift, J.(2003), "Beyond the Washington Consensus" *Finance and Development September 2003*, International Monetary Fund, p.9.

2) チャールズ・ディケンズ原作『二都物語』は1859年に発表されたが、その2都とはフランス革命前夜のロンドンとパリである。特に所得格差を題材とはしていない。
3) レーガン政策を支える1グループをサプライ・サイダーと呼び、生産の供給側の競争力を市場の自由化によって高めることを目的としている。生産・所得を増やすために、その需要側を重視するケインズ政策と対比される。
4) http://www.americanrhetoric.com/speeches/mariocuomo1984dnc.htm
（2009年5月12日視聴）なお、先述のジャクソンの演説は、国民融和を訴えた「Rainbow Coalition」で12位、キング牧師の「I have a dream」が1位である。
5) Bangの意味は、宇宙の最初の爆発を意味する。革命的な改革を指したものである。
6) イギリスの改革にならって、日本版金融ビックバン（「経済の基礎をなす金融システム改革」）が1996-2001年に実施された。その具体化として、改正外為法（「外国為替及び外国投資法」）が1997年5月に成立して、1998年4月から施行された。外国為替取引の完全自由化、内外の資本取引自由化が実現した。なお、1998年12月から国内市場を対象とした金融システム改革法も施行された。
7) Williamson（2003）.
8) 日本で彼を著名にしたのが、1994年の彼の論説「東アジアの成長は『奇跡』か『幻（まぼろし）』か」"The Myth of Asia's Miracle" From Foreign Affairs, November/December 1994（KRUGMANのHPから入手可能）である。
9) 版によってはこの写真はない。
10) 財政が赤字ということは、国内経済で見ると、過大な支出を政府が行っていることであり、それは波及（乗数）効果で消費や投資の過大な支出ないし需要を招き、短期的に好況、例えば株価の上昇、極論すればバブルを招く。国際的にみると、今述べた過大な国内需要・支出は輸入の増大と輸出の減少を生じさせて、国際（経常）収支を赤字としてしまう。アメリカの「双子の赤字」が財政赤字とそれに起因する国際収支赤字であり、過剰な流動性を生んでバブル経済が招来し、一方国際収支の赤字によるドル価値の不安定化を起こさせることとなった。
11) 筆者が90年代初めに世界銀行のラテン・アメリカ局を訪問したとき、面会者は「ラテン・アメリカにおける開発レジームが変わり、（自由化が）既に定着した」と述べた。まるで「勝利宣言」のように思った。
12) 財団法人、国際金融情報センターは、ホームページ上で、「新興市場経済モニター」を発表している。2008年2月12日現在で、新興市場国として29カ国を選び、主要データを一覧表で示している。筆者の26か国との違いは、台湾、オーストラリア、スロバキア、ブルガリアが含まれており、パキスタンが除かれていることである。
13) IMFのWorld Economic Outlookの経済予測で、特に取り上げられている。ASEAN加盟の10か国の中で経済規模の大きいインドネシア、タイ、フィリピン、そしてマレーシアである。シンガポールを加えたASEAN－5という分類もある。
14) 同じ100円の所得があったとして、トマトの価格が日本は100円、中国は10円とす

ると、日本では1個しか買えないのに対して中国では10個買える。別の例として、1億円の投資資金があったとして、日本は中国より物価が高いので、日本で買える設備の量は中国に比べてはるかに少ない。現実、日本では土地や建物に多くの資金が使われるので、投資家は日本でなくて中国で工場建設をした方がいいのである。
15) ホームページで記者会見のビデオを視聴できるし、議事録もある。
16) 2006年に両者は面会して、マハティール氏の指摘は誤解があったとして、両者は和解した。
17) 実際の例として、1998年春に筆者がフィリピン訪問時に会った一流銀行の取締役クラスの中国人が、アジア危機の原因は支払能力(solvency)ではなく、流動性(liquidity)であると述べた。
18) 国際協力事業団(JICA)(1986)『マクロ経済指標マニュアル』によれば－8%は中進国の危機水準である。
19) アジア経済研究所『アジア動向年報　1999年版』、pp.389 － 390.
20) 『アジア動向年報　1999年版』、p.407.
21) 全文は以下のHPにある。
　　http://web.mit.edu/krugman/www/mahathir.html
　　クルーグマン The Official Paul Krugman Web Page
　　http://web.mit.edu/krugman/www/

第 2 章

米欧金融危機と世界経済

1．サブプライム問題からリーマン・ショックへ

（1） 動向と現状の検証
1）経　緯

　サブプライム危機とは何なのか。アメリカの信用力の低い融資先を相手とするサブプライム・ローン（sub-prime loan）が対象である。サブプライム・ローンに対してプライム・ローンがある。日本では、プライム・ローン（prime loan）は信用力の高い相手、例えば大企業向けの優遇レートを意味する。

　アメリカにおいては、サブプライム・ローンは低所得層に対して融資された。住宅価格が高騰、あるいは住宅ブーム、地価上昇のバブルがあり、多くの金融機関が特定目的会社という系列の会社を設立して、リスクの高いこのローンを多く売りさばいた。特定目的会社は、親会社の帳簿とは切り離した収支体系を持った。親会社の帳簿に載せることを on balance と呼び、住宅ブームに便乗した投機的な融資を自らの帳簿に計上しなくてよいようにすることを、off balance と呼んだ。

　金融機関の特定目的会社とヘッジファンドは、このローンの債権を他の金融機関に譲渡することにより自らのリスクを少なくすることとして、この債権を原資産とする金融派生商品（デリバティブ）ないし証券化商品を作り出し、他の金融機関へ売りさばいた。その際には、自らの持つサブプライム・ローンの束を切り分けて多くの金融派生商品という金融（投資）商品を生産して、金融機関に購入させたのである。具体的には、切り分けたサブプライム・ローンと

他の商品、例えば株式、債券、商品（物的）を組み合わせた。また、売りさばかれたデリバティブは、さらに切り分けられて他の商品と組合わされて他の商品となり、それが他の金融機関などに売られることとなった。

このように、派生的に、あるいは増殖的に多くの商品が生み出されたのであるが、問題は商品を作った当人のみが自らの商品の全容を知っているが、売られた商品が別の会社ないしファンドによって他と組み合わせた別の商品となった。そこで、全体的にリスクが薄められるという面があったが、誰も金融商品やそれを支える証券の全容を理解できなくなったということである。また、商品を作成した当人も、売られてきた商品や証券の本当のリスクを理解していなかったということがあっただろう。

米英の市場においては、市場の競争による自然淘汰の原理をベースに市場参画の当事者の行動が律せられる、あるいは自助努力が行われることを期待した。一方、政策的には自由放任な政策をとったゆえに、市場参加者、特に特定目的会社やヘッジファンドはハイ・リスク、ハイ・リターンのデリバティブを次から次に増殖的に生産して、バブルの状態になっていた。

このブームは米国住宅市場の価格の低下（2006年）によって終焉を向かえて、2008年9月15日のリーマン・ブラザーズ破綻以降、崖道をころがるように世界経済が不況へ突入することとなった。サブプライム問題からの経過は以下のとおりである。

2007年8月	フランスのBNPパリバ銀行が大幅損失を計上。
2008年1月	ソシエテ・ジェネラル社の若手投資家が不法取引により逮捕。
2008年3月	アメリカ投資銀行5位のベアー・スターンズ社が破産寸前にいたる。ＪＰモルガンに吸収される。
2008年9月15日	アメリカ証券大手リーマン・ブラザーズが経営破綻。
2008年9月15日	バンク・オブ・アメリカが証券大手メリルリンチの買収を決定。
2008年9月16日	アメリカ保険最大手AIGが政府管理下に。
2008年9月29日	アメリカ下院が金融救済法案を否決。

2008年10月3日　　　　アメリカ下院が金融救済法案を可決。
2009年2月27日　　　　アメリカ財務省がシティバンクの筆頭株主となる。

2）IMFの危機の予告

　今回の金融危機において、国際金融制度が十分に機能していないことが認識されて、G20サミットで国際金融制度改革、IMF改革が重要な課題となった。ここで、危機前の制度の中核に位置した国際通貨基金（IMF）の動向を分析すると、2007年夏から2008年8月までの危機をIMFは予告したが、その重大性を十分に理解していなかった。2008年9月からの危機は、誰も予告できなかった。

　IMFの予告ないし展望の結果は、『世界経済見通し』（WEO）と『国際金融安定性報告書』（Global Financial Stability Report: GFSR）に発表される。IMFの主要業務、グローバル・サーベイランス（監視）である。2007年のGFSRでは、住宅ブームの高騰による景気の突然の終息に対して警告は発せられている。しかし、次項のフィールド検証としてのWEO記者会見では、IMFの分析が十分ではなかったと言える。

　金融部門ないし市場の構造を深く評価するものとして、IMFは世界銀行と共同で1999年から金融セクター評価プログラム（Financial Sector Assessment Program: FSAP）を実施してきた。しかし、数年のインターバルで実施されるので、危機の予告をタイムリーに実施できなかっただろう。また、今回の危機の根源の問題としてアメリカの財政・国際収支赤字と中国の国際収支黒字があるが、両国ともFSAPを受けていない。また、2008年のアメリカの政策協議（IMF4条協議）のIMFアドバイスは、同国政府に注目されなかった。

　さらに、IMFは、マクロ面からのアプローチはとれるが、危機の震源、すなわち金融機関の経営悪化を十分に把握することは難しい。そのために、バーゼルの国際決済銀行内の金融安定フォーラム（Financial Stability Forum: FSF）、各国監督当局との連携が提案されているのである。ＦＳＦは、第2回G20金融サミットで金融安定委員会（Financial Stability Board: FSB）へと組織変更が決められた。

以上、今回の金融危機は、それまでの国際金融制度では対応できるものではなかったのである。IMFは今回の金融危機をある程度予期したが、それはWEOやGFSRを中心とするマクロ面からのアプローチによるものであった。

（2） 検証：ワシントンD.C.での知的論戦

国際通貨基金（IMF）は、毎年春と秋に『世界経済見通し』（WEO）を発表して、世界経済とすべての国の現状と予測を発表している。G7やG20の会議のベースとなる最も権威ある経済報告書である。

サブプライム問題の予告について、IMFはWEOで警告はしているものの、その重大さに対する認識が不十分であった。2008年4月のWEOの記者会見で以下のやり取りがある。1年前のWEO発表時より2008年の経済成長率を引き下げて、景気後退の可能性が高まったとのIMF調査局長（ジョンソン）の発表を聞いた後の質問である。

 Q. ロンドン・タイムズ紙の記者
  1年前にIMF局長は、「金融（という尻尾）が、経済（という犬）に影響を及ぼさない」と言っている[1]。そして、本日、景気後退に陥る確率は25％（低い数字）と言っている。どうして一体、今年はあまり悲観的でなく、昨年はかなり楽観的だったのか[2]。
  （イギリス人らしいエスプリの利いた質問である）
 A. IMF調査局長
  公明正大な質問である。予測は間違えることがある。その時々で最善の予測を発表している。経済（という犬）と金融（という尻尾）の関係を学んだ。この1年、金融が経済に悪影響を与えてきた。本日の発表が最良の予測である。来年、われわれの予測がどうだったか聞いてほしい。
  （白旗を上げた回答である）

解説すると、2007年4月のWEOでは、金融の問題が経済に悪影響を与えないと楽観的な見通しを述べている。そして、2008年は4分の1との低い確率で景気後退と楽観的な予測を発表している。実際は、2008年の景気はもっと悪いのではないか。

IMF局長は、正直に金融の経済への影響を過小評価したことを認めている。

次に、2008年9月のリーマン・ブラザーズ破綻以降の危機について、2008年10月の年次総会前のWEO記者会見で以下のやり取りがある。

Q. ガーディアン紙の記者
納税者が多額の公的資金を銀行に注入して、かれらの馬鹿げた投資から救済することが提案されている。納税者が代わりに得るものはなにか。IMFは、銀行が将来そのような馬鹿げた投資をしないように何をするべきであるか[3]。
A. IMF調査局長
対策をとるのは遅すぎた。今回の経験は、IMFと世界の国々で、金融システムのアーキテクチャー、規制のタイプの再考を促すことになる[4]。
（白旗を上げた回答である）

解説すると、IMFがリーマン・ブラザーズ破綻以降の経済危機を予告できず、対策をとれなかったことを認めている。

2．マクロ経済予測

（1） マクロ経済の予測（2009～2010）

マクロ経済政策は第4章2．（2）で詳述するとして、ここでは最新のマクロ経済予測の結果を説明することにする。本書の「はじめに」で挙げたように、IMFの2009年4月の『世界経済見通し』によれば、2007年からのサブプライム問題、2008年のリーマン・ショックにより、2009年の世界の経済成長率が－1.3％、2010年に2％に回復との予測が発表された。

平成20（2008）年4月、同じ報告書の発表者のIMF調査局長のジョンソン（前米国マサチューセッツ工科大学教授）は、前年からのサブプライム問題により、2008年の世界経済の経済成長率が3.7％に減速すると述べた。前年10月の予測の4.9％からの成長率の引き下げである。米国の信用力が低い個人向け住

宅融資（サブプライム・ローン）の不良債権化が、世界経済に大きな悪影響を及ぼしていたのである。実際の2008年の経済成長率は3.2％となっている。

2009年4月のIMF予測をまとめたのが表2－1である。世界経済の成長率は、2007年の5.2％、2008年の3.2％から、2009年にはマイナス成長へ大きく減少している。2010年も1.9％に回復するに過ぎない。

2009年は世界全体ではマイナス成長であるが、中国とインドの経済成長率はかなり高く、これが世界経済を支えている。中国6.5％、インド4.5％である。

景気を輸出に依存する割合が大きい国の経済成長率の低下は著しい。すなわち、日本、ロシア、ドイツ、アジアNIEs（新興市場経済）である。アジアNIEsは、韓国、香港、台湾、シンガポールである。

2010年については、経済成長率が加速した中国、インドなどに世界経済は支えられている。先進工業国の多くはわずかにプラスになるにとどまる。

（2）主要国の予測（2014年まで）

上記のWEOの2009年4月版に対応するIMFデータ・ベースを利用して作成したのが、表2－2の主要国の経済予測である。第4章2．（2）でマクロ経済政策を議論するが、アメリカや日本の財政赤字がかなり大きい。これは、景気刺激のための財政支出であり、第2回G20サミットでは、それに積極的な日米英陣営対仏独陣営の対立となった。仏独の財政赤字は比較的小さいが、ユーロ圏の経済安定・成長協定のターゲット、－3％を上回っている。通貨ユーロを守るために保守的な政策が採られてきたのである。

重要なことは、IMFは当初から金融危機を原因とした景気後退の回復には時間がかかると述べている。これは、バブル経済がはじけた日本の「失われた10年」に対応する。

さらに、今回の発表で、これまでと同様に、景気の回復が始まったとしても雇用の回復は遅れるとの見通しを述べた。具体的には、2010年には世界経済は2％程度の成長に回復するが、雇用の悪化は同年末まで上昇、その翌年以降減少するとはいえ軽微なものになると警告している。

予測の詳細は、ブランシャーのPWファイル、Where are we in the Global

表2-1　実質経済成長率（2009～2010）

(単位：対前年比成長率、%)

	2007	2008	予測 2009	予測 2010
世界	5.2	3.2	(1.3)	1.9
先進経済	2.7	0.9	(3.8)	0.0
アメリカ	2.0	1.1	(2.8)	0.0
ユーロ圏	2.7	0.9	(4.2)	(0.4)
ドイツ	2.5	1.3	(5.6)	(1.0)
フランス	2.1	0.7	(3.0)	0.4
イタリア	1.6	(1.0)	(4.4)	(0.4)
スペイン	3.7	1.2	(3.0)	(0.7)
日本	2.4	(0.6)	(6.2)	0.5
イギリス	3.0	0.7	(4.1)	(0.4)
カナダ	2.7	0.5	(2.5)	1.2
その他先進経済	4.7	1.6	(4.1)	0.6
アジアNIEs	5.7	1.5	(5.6)	0.8
新興・途上経済	8.3	6.1	1.6	4.0
アフリカ	6.2	5.2	2.0	3.9
サハラ以南	6.9	5.5	1.7	3.8
中・東欧	5.4	2.9	(3.7)	0.8
独立共同体	8.6	5.5	(5.1)	1.2
ロシア	8.1	5.6	(6.0)	0.5
ロシア以外	9.9	5.3	(2.9)	3.1
アジア途上地域	10.6	7.7	4.8	6.1
中国	13.0	9.0	6.5	7.5
インド	9.3	7.3	4.5	5.6
ASEAN-5	6.3	4.9	0.0	2.3
中東	6.3	5.9	2.5	3.5
西半球	5.7	4.2	(1.5)	1.6
ブラジル	5.7	5.1	(1.3)	2.2
メキシコ	3.3	1.3	(3.7)	1.0
メモ				
欧州連合	3.1	1.1	(4.0)	(0.3)
市場の為替レートに基づく世界成長	3.8	2.1	(2.5)	1.0
商品価格（USドル）				
原油	10.7	36.4	(46.4)	20.2
非燃料（輸出ウエート）	14.1	7.5	(27.9)	4.4
ロンドン銀行間金利（%）				
対USドル預金	5.3	3.0	1.5	1.4
対ユーロ預金	4.3	4.6	1.6	2.0
対円預金	1	1	1	1

出所：IMF, World Economic Outlook, April 2009.
注：（ ）は減少を意味する。
　　USドルと円の金利は6か月物。ユーロは3か月物。

表2−2 主要国のマクロ経済予測 (2009〜2014)

	1980	1981	1982	1983	1984	1985	1986	1987	1988	1989	1990	1991	1992	1993	1994	1995	1996	1997
日本																		
実質GDP(対前年比成長率, %)	3.2	2.9	2.8	1.6	3.1	5.1	3.0	3.8	6.8	5.3	5.2	3.4	1.0	0.2	1.1	2.0	2.7	1.6
需給ギャップ(潜在GDPに占める比率, %)	-0.4	-0.4	-0.4	-1.4	-1.3	0.1	-0.9	-1.1	1.1	1.9	3.0	2.8	1.0	-0.8	-1.1	-0.5	1.2	1.2
失業率(%)	2.0	2.2	2.4	2.7	2.7	2.6	2.8	2.8	2.5	2.3	2.1	2.1	2.2	2.5	2.9	3.2	3.4	3.4
財政収支(GDP比率, %)	-4.6	-4.0	-3.9	-4.1	-2.5	-1.4	-1.2	-0.2	0.6	1.5	2.1	1.8	0.8	-2.4	-3.8	-4.7	-5.1	-4.0
アメリカ																		
実質GDP(対前年比成長率, %)	-0.2	2.5	-1.9	4.5	7.2	4.1	3.5	3.4	4.1	3.5	1.9	-0.2	3.3	2.7	4.0	2.5	3.7	4.5
需給ギャップ(潜在GDPに占める比率, %)	-1.3	-1.4	-6.0	-4.6	-0.8	0.1	0.4	0.7	1.7	2.3	1.4	-1.5	-0.9	-1.1	-0.1	-0.8	-0.5	0.6
失業率(%)	7.2	7.6	9.7	9.6	7.5	7.2	7.0	6.2	5.5	5.3	5.6	6.9	7.5	6.9	6.1	5.6	5.4	4.9
財政収支(GDP比率, %)	-3.0	-2.2	-4.9	-5.6	-4.8	-5.0	-5.2	-4.3	-3.6	-3.2	-4.2	-4.9	-5.8	-4.9	-3.6	-3.1	-2.2	-0.8
ロンドン銀行間レート(LIBOR, 6か月物)	14.0	16.7	13.6	9.9	11.3	8.7	6.8	7.3	8.1	9.3	8.4	6.1	3.9	3.4	5.1	6.1	5.6	5.9
イギリス																		
実質GDP(対前年比成長率, %)	-2.1	-1.3	2.1	3.6	2.7	3.6	4.0	4.6	5.0	2.3	0.8	-1.4	0.1	2.2	4.3	3.0	2.9	3.3
需給ギャップ(潜在GDPに占める比率, %)	-0.6	-3.1	-2.5	-1.2	-2.1	-1.7	-0.9	0.0	2.3	1.7	0.9	-1.9	-2.9	-2.1	-0.2	-0.1	0.2	0.0
失業率(%)	6.5	9.4	10.6	11.4	11.8	11.4	11.3	10.6	8.8	7.3	7.0	8.6	9.8	10.4	9.7	8.7	8.2	7.1
財政収支(GDP比率, %)	-3.2	-4.3	-2.6	-3.3	-3.5	-2.8	-2.5	-1.8	0.5	0.8	-1.6	-3.0	-6.3	-7.8	-6.6	-5.7	-4.0	-2.1
ドイツ																		
実質GDP(対前年比成長率, %)	1.3	0.1	-0.8	1.6	2.8	2.2	2.4	1.5	3.7	3.9	5.7	5.0	2.3	-0.8	2.6	1.8	1.0	1.7
需給ギャップ(潜在GDPに占める比率, %)	1.4	-0.5	-3.2	-3.6	-3.1	-3.2	-3.3	4.5	-3.6	-2.6	0.2	1.5	1.5	-1.5	-0.2	0.2	-0.7	-0.7
失業率(%)	3.4	4.8	6.7	8.1	8.1	8.1	7.8	7.8	7.7	6.8	6.2	5.5	6.3	7.6	8.2	8.0	8.7	9.4
財政収支(GDP比率, %)	-2.8	-3.6	-3.2	-2.5	-1.9	-1.1	-1.3	-1.9	-2.1	0.1	-2.0	-2.9	-2.5	-3.0	-2.4	-3.3	-3.3	-2.7
フランス																		
実質GDP(対前年比成長率, %)	1.8	1.0	2.4	1.2	1.5	1.8	2.4	2.5	4.5	4.3	2.6	1.0	1.2	-0.8	2.2	2.2	1.0	2.2
需給ギャップ(潜在GDPに占める比率, %)	-0.4	0.6	0.4	-0.3	-0.9	-1.1	-1.0	-0.8	1.3	3.0	2.6	1.8	0.9	-1.8	-1.4	-1.0	-2.1	-1.4
失業率(%)	6.3	7.4	8.1	8.4	9.8	10.2	10.4	10.5	10.0	9.4	9.0	9.5	9.9	11.1	11.7	11.2	11.6	11.5
財政収支(GDP比率, %)	0.0	-2.2	-2.8	-2.5	-2.8	-3.0	-3.2	-2.1	-2.6	-1.8	-2.4	-2.9	-4.5	-6.4	-5.5	-5.5	-4.0	-3.3
中国																		
実質GDP(対前年比成長率, %)	7.9	5.3	9.0	10.9	15.2	13.5	8.9	11.6	11.3	4.1	3.8	9.2	14.2	14.0	13.1	10.9	10.0	9.3

第2章　米欧金融危機と世界経済　39

	1998	1999	2000	2001	2002	2003	2004	2005	2006	2007	2008	2009	2010	2011	2012	2013	2014	手書の ページ年
日本																		
実質GDP(対前年比成長率、%)	-2.0	-0.1	2.9	0.2	0.3	1.4	2.7	1.9	2.0	2.4	-0.6	-6.2	0.5	2.2	3.2	2.8	2.5	2008
需給ギャップ(潜在GDPに占める比率、%)	-1.6	-2.3	-0.5	-1.3	-2.3	-2.2	-1.1	-0.8	-0.4	0.3	-1.6	-8.0	-7.9	…	…	…	…	2008
失業率(%)	4.1	4.7	4.7	5.0	5.4	5.3	4.7	4.4	4.1	3.8	4.0	4.6	5.6	…	…	…	…	2008
財政収支(GDPに占める比率、%)	-5.6	-7.4	-7.6	-6.3	-8.0	-8.0	-6.2	-5.0	-4.0	-2.5	-5.6	-9.9	-9.8	…	…	…	…	2007
アメリカ																		
実質GDP(対前年比成長率、%)	4.2	4.5	3.7	0.8	1.6	2.5	3.6	2.9	2.8	2.0	1.1	-2.8	0.0	3.5	3.6	3.3	2.4	2008
需給ギャップ(潜在GDPに占める比率、%)	1.5	2.6	3.2	1.3	0.4	0.3	1.2	1.4	1.6	1.2	0.2	-4.1	-5.5	…	…	…	…	2008
失業率(%)	4.5	4.2	4.0	4.7	5.8	6.0	5.5	5.1	4.6	4.6	5.8	8.9	10.1	…	…	…	…	2008
財政収支(GDPに占める比率、%)	0.4	0.9	1.6	-0.4	-3.8	-4.8	-4.4	-3.3	-2.2	-2.9	-6.1	-13.6	-9.7	…	…	…	…	2007
ロンドン銀行間レート(LIBOR、6か月物)	5.6	5.5	6.6	3.7	1.9	1.2	1.8	3.8	5.3	5.3	3.0	1.5	1.4	…	…	…	…	2008
イギリス																		
実質GDP(対前年比成長率、%)	3.6	3.5	3.9	2.5	2.1	2.8	2.8	2.1	2.8	3.0	0.7	-4.1	-0.4	2.1	2.9	2.8	2.8	2008
需給ギャップ(潜在GDPに占める比率、%)	0.2	0.0	1.0	0.6	-0.1	-0.1	0.1	-0.4	-0.1	0.4	-0.6	-5.5	-6.6	…	…	…	…	2008
失業率(%)	6.3	6.0	5.5	5.1	5.2	5.0	4.8	5.1	5.4	5.4	5.5	7.4	9.2	…	…	…	…	2008
財政収支(GDPに占める比率、%)	-0.1	0.9	1.3	0.6	-1.9	-3.3	-3.3	-3.3	-2.6	-2.6	-5.4	-9.8	-10.9	…	…	…	…	2007
ドイツ																		
実質GDP(対前年比成長率、%)	2.0	1.9	3.2	1.2	0.0	-0.2	1.2	0.8	3.0	2.5	1.3	-5.6	-1.0	1.5	1.8	2.0	2.2	2008
需給ギャップ(潜在GDPに占める比率、%)	-0.3	0.2	1.9	1.3	-0.2	-1.7	-1.9	-2.3	-0.8	0.3	0.3	-5.8	-7.2	…	…	…	…	2008
失業率(%)	9.1	8.3	7.5	7.6	8.4	9.3	9.8	10.6	9.8	8.4	7.3	9.0	10.8	…	…	…	…	2008
財政収支(GDPに占める比率、%)	-2.2	-1.7	1.3	-2.8	-3.7	-4.0	-3.8	-3.3	-1.5	-0.5	-0.1	-4.7	-6.1	…	…	…	…	2007
フランス																		
実質GDP(対前年比成長率、%)	3.6	3.2	4.1	1.8	1.1	1.1	2.2	1.9	2.4	2.1	0.7	-3.0	0.4	1.7	2.0	2.2	2.3	2008
需給ギャップ(潜在GDPに占める比率、%)	0.0	0.9	2.5	2.0	0.8	0.0	0.3	0.2	0.6	0.6	-0.3	-4.5	-5.2	…	…	…	…	2008
失業率(%)	11.1	10.5	9.1	8.4	8.9	9.0	9.2	9.3	9.2	8.3	7.8	9.6	10.3	…	…	…	…	2008
財政収支(GDPに占める比率、%)	-2.6	-1.8	-1.5	-1.5	-3.1	-4.1	-3.6	-3.0	-2.4	-2.7	-3.4	-6.2	-6.5	…	…	…	…	2008
中国																		
実質GDP(対前年比成長率、%)	7.8	7.6	8.4	8.3	9.1	10.0	10.1	10.4	11.6	13.0	9.0	6.5	7.5	10.2	10.7	10.3	10.0	2008

出所：IMF, World Economic Outlook Database, April 2009.

Crisis?（5月11日閲覧）参照。

IMF予測の記者会見において、香港の記者が中国経済について質問した。回答としては、中国経済の大きさをかなり評価して、これまでにとられてきた政策が国内経済に良い影響を及ぼしそうだとの見通しを示している。

（3）金融市場の予測

金融市場については、IMF発行の『国際金融安定性報告書』（GFSR）がある。2009年4月の記者会見によれば、報道にあるように世界全体で4兆ドルが不良債権化している。

記者の質問に答えて、3分の2が銀行によるものである。また、3分の1が現行の不良債権であり、残りの3分の2が今後の予測である。

金融市場ないし金融部門の問題点とG20などの対策については、第4章2.（3）で詳しく論ずる。

文献・注

1) World Economic Outlook Conference on April 11, 2007
（Simon Johnson's remark）（IMF調査局長の発言）
Others may worry that the recent bout of financial market volatility may begin to undermine the strong global growth that we envisage. But I do not believe that the financial tail is about to wag the economic dog.
Wagの意味は、「〇〇〇に主客転倒的な影響（支配力）を行使する」。例文として、It is (a case of) the tail wagging the dog. があり、訳は 主客転倒（下克上）の状況。犬という本体を経済に、また尻尾を金融に例えているので、面白い。尻尾が本体を振り回すことはないというのである。

2) 質問全体は以下。Press Conference in Washington D.C. at 9:00 a.m.on Apr. 9, 2008
http://www.imf.org/external/mmedia/view.asp?eventID=1111
QUESTION : I remember sitting here a year ago and you saying that you did not think that the financial tail would wag the economic dog. Now, today, you are saying that the world faces a one-in-four chance of a recession. How are we to know that you are not being overly pessimistic this year while you were being overly optimistic last year?]
調査局長は、以下のように答えている。<u>I think that everyone has learned a great deal about financial dogs and their tails</u>, and how exactly those worked over the past

year.
3) Press Conference in Washington D.C. at 9:00 a.m.on Oct. 8, 2008
   http://www.imf.org/external/mmedia/view.asp?eventID=1254
   QUESTIONER (Guardian) : You recommend that taxpayers inject large amounts of public money into the banks to rescue them from their foolish decisions. What do you think the taxpayers should ask for in return? What does the Fund think should be done in order to prevent the banks from acting in such a foolish way in the future?
4) 出所は、前述のガーディアン紙の記者の質問に同じ。
   Mr. BLANCHARD (IMF Research Director) : It may be too late this time. But, clearly, it forces us, all of us, at the Fund, and in the various countries, to rethink the architecture of the financial system, the type of regulation that has to be put in place.

第3章
欧州主導の米国発危機の打開
（G20 ワシントン・サミット）

1．G7 と G20

（1） 歴史と現状の検証

　今回の世界金融危機を議論し対策を講ずるために、先進7か国財務大臣・中央銀行総裁会議(G7)でなく、主要20か国首脳会議(G20)が開催された。従来は先進工業国のクラブであるG7が世界経済の問題に対処してきたが、今回の危機は経済力をつけた新興市場国を含めた枠組みが必要ということであった。

　まず従来の枠組みから説明すると、過去において、先進工業国主導でG7と主要国首脳会議（サミット）がセットで開かれてきた。また、G7の春と秋の開催時には、IMF・世銀年次総会などがセットで開催される。G7は、他に年間で1～2回程度開催される。会議場所は、多くの場合ワシントン D.C. であるが、サミットのホスト国がG7の事務局となり、当該国で開催されることも多い。2008年は日本でサミットが開かれて、今回の世界金融危機についてホスト国日本がG7を東京で開催しようとしたが、フランスのサルコジ大統領にG20、ワシントン開催で押し切られた（次の検証参照）。

　サミットは、フランスのジスカールデスタン大統領の提案で、1975年にフランスのランブイエで第1回会議を開いた。G7は経済・金融問題のみを扱うが、サミットは政治問題も対象とする。もっとも、G7の会議では、経済・金融担当の大臣以外を召集した会合も毎年開催される。例えば、G7外相会合、G7労働相会合。

　近年では、ロシアも加わってG8となっているが、経済会合においてG20の

主要国の元首が招かれてG8国と協議をするようになった。定常的な出席国は、中国、インド、ブラジル、サウジアラビアである。

そして、通常G8の方針は、主要国首脳会議(サミット)でより公式に決定され、世界に向けて発表される。その具体化は、IMFと世界銀行が担うのである。

G20に関するグループ構成であるが、G20はアジア金融危機後に設立されたG20財務大臣会議が母体となっている。G20の財務大臣会議は毎年開催され、事務局を加盟国間で持ち回り分担している。今回は、加えて首脳会合が開催されたということである。

具体的な国名であるが、ロシアを含むG8、EU、ロシアを除くBRICs(ブラジル、インド、中国)、各地域の主要国(サウジアラビア、南アフリカ共和国、インドネシア、韓国、豪州、メキシコ、アルゼンチン、トルコ)。世界の国内総生産（GDP）の8割を占める。表3-1にG20参加国の経済規模を示した。また、表1-4にG7、G20を含む世界の経済構造を示している。

表3-1　G20の経済規模

（単位：100万USドル）

	国	名目GDP 2007
	G7	
1	アメリカ	13,811,200
2	日本	4,376,705
3	イギリス	2,727,806
4	ドイツ	3,297,233
5	フランス	2,562,288
6	イタリア	2,107,481
7	カナダ	1,326,376
	G7合計	130,209,089
	世界に占める比率（％）	56
	他EU	…
	G7＋他EU	…
8	EU全体	…
	BRICs	
9	ブラジル	1,314,170
10	ロシア	1,291,011
11	インド	1,170,968
12	中国	3,280,053
	BRICs合計	7,056,202
	世界に占める比率（％）	13
	アジア	
13	韓国	969,795
14	インドネシア	432,817
15	オーストラリア	821,716
	ラテン・アメリカ	
16	メキシコ	893,364
17	アルゼンチン	262,331
	中東	
18	サウジアラビア	381,683
19	トルコ	657,091
	アフリカ	
20	南アフリカ共和国	277,581
	G20合計（他EU除く）	41,961,669
	世界に占める比率（％）	77
	オランダ	754,203
	スペイン	1,429,226
	スイス	415,516
	世界GDP	54,347,038

出所：World Bank, World Develoment Report 2009 issue.

G20の構成国に加えて、実際のところ、第1回会議にはスペインとオランダも出席し、スペインは経済規模が実質GDPでG7のカナダを上回ることから正式にG20入りした。国際金融上重要なスイスは招待されていない。

　今回のサミットのG20の構成国については、異議を唱える者が多い。国連は、全加盟国で議論すべきであるとのキャンペーンを行っている。政府関係者の間で多い意見は、G14で行くべきという考え方である。すなわち、上記G20の構成国から、インドネシア、韓国、豪州、メキシコ、アルゼンチン、トルコを除いたものである。もちろん、スペインも含まれない。これらの国々は、G20から外れる他の国よりも経済規模がより大きいか外貨準備がより潤沢かという基準によって選ばれたものである。

　G14については、サルコジ・フランス大統領は、第1回会議の後の記者会見で言及しているし、第1回会議の直前に世界銀行のゼーリック総裁がG14が望ましいとの異例の言及をしている。多くの学識者も、G20は多すぎて、討議の効率上少数にすべきであると述べている。

　最後に、G7ではなくてG20で行くべきであるというのがほとんどの識者の意見である。また、世界の300の銀行、ヘッジ・ファンドなどで構成される国際金融研究所（Institute of International Finance: IIF）も、G7は適切ではないとしている[1]。

　しかし、留意すべきは、G7は政治民主化という面でも共通の基盤があるが、G20には民主的でない中国、サウジアラビアが含まれている、ということである。この点では、政治問題も扱うサミットの意義はなくならないだろう。

（2）　検証：サルコジ（仏大統領）の勝利と日本の敗北

　2008年11月15日のG20金融サミット開催（ワシントンD.C.）について、フランスのサルコジ大統領の指導力が大きい。筆者は2009年2月にパリでパリ大学教授と面会したが、かれは個人的には同大統領の一般的な考え方には批判的であるが、大統領の2008年後半のEU代表としての指導力なくして欧州はまとまらず、同会議は実現しなかっただろうと評価していた。

　EUは半年ごとに議長国を輪番で担当することになっており、同大統領はそ

の立場をフルに生かして精力的に行動した。まず EU，ユーロ圏実現の原動力となった仏独同盟の関係を使ってすばやくドイツと G7 でなく G20 で行くことを決め、また英米の金融覇権を制御すべき政策提案をまとめて、その他の欧州諸国の意見を EU の意見として取りまとめた。

イギリスのブラウン首相とも密に連絡を取り、ユーロ圏には加入していないが、EU の一員であるイギリスからも妥協を引き出した。

本書で上述したように、G7 国の間では、当該年のサミットのホスト国が、首脳会議であるサミットに加えて、財務大臣会議等、G7 の事務局となり、会議開催を取り仕切る慣例になっていた。したがって、ホスト国の首都で開催されることが多い。

2008 年は日本でサミットが開かれており、日本が取り仕切るべきところを、サルコジが横槍を入れたのである。今回の世界金融危機について議論すべく、ホスト国日本は G7 を開催しようとした。麻生首相は、東京の国際空港の近くでの開催まで提案した。しかし、結局のところ、アメリカのブッシュ大統領にも働きかけたサルコジ仏大統領に、G20 開催、ワシントン開催で押し切られたのである。この駆け引きの模様は、日本ではほとんど報道されていない。

2008 年 11 月 15 日の G20 会議直後の EU 議長と共同の記者会見において、フランスのサルコジ大統領が、次回の G20 会議のロンドン開催を含めて、以下のように述べている[2]。

　　原文（下線は筆者（坂元））：Vous vous souvenez du combat de la France sur les G8, G13, G14. Le G20 est reconnu comme instance pertinente pour trancher ces questions là et nous avons proposé que ce sommet ait lieu à Londres. J'ai toutes les raisons de penser que les choses vont aller dans ce sens là. <u>Nous nous sommes donnés une petite dizaine de jours pour trancher defitinitivement la question, notamment avec nos amis japonais</u>. Il y aura sans doute une réunion des ministres des finances au Japon et le prochain sommet aura vraisemblablement lieu à Londres.

上述の原文の要約として、G20 開催に当たって G8 ホスト（担当）国である

日本と相談したとの配慮を述べている。

　具体的に文章を追うと、まず G8、G13、G14 でいくのかについて戦い（combat）があったと述べている。そして、かれの指導力で G20 が適当と判断して根回しをしたようである。そして、その提案をして、日本の友人（amis japonais）などに 10 日ほどの猶予を与えたと述べている。そして、皮肉にも、「G7 の会議は必ず日本で開催されるだろう」と述べている。11 月 15 日に G7 を含む G20 の会議を開いて、どうしてホスト国日本が 12 月末までに G7 の会議を開催できるのだろうか。

　サルコジ大統領の政策の特色や性格については、次節のフィールド検証を参照。

2．第 1 回 G20 金融サミットの展開

　以下で必要に応じて言及するが、本書の巻末に特集として、筆者が実施したオックスフォード大学 2 教授とパリ大学教授などの提案、処方箋を記した面会記録を載せた。

（1）　動向の検証

　第 1 回サミットの提案の内容については、第 4 章で第 2 回サミットの提案との関係で詳述する。ここでは、会議での討論内容と、その後、4 か月半後の第 2 回サミットまでの動向を検証する。

　まず第 1 回サミットの内容については、前節でフランスと EU の共同記者会見を引用したが、その中でサルコジ大統領は、「アングロ資本主義は終わり」、金融への規制を行う時が来た、と述べている。そして、自国を含む EU の成果を誇らしげに語っている。フランスが 2008 年後半の EU 議長国の立場にあり、同大統領が精力的に動いて規制強化を提案してきていたのである。

　今回の世界金融危機の原因がイギリスとアメリカの金融覇権にあることを、直接的に批判しているのである。そして、今回の大不況の直接の原因がアメリ

カであることから、ブッシュ大統領はEUの提案をかなり呑まざるをえない。

　また、インド、中国など新興国は、今回の金融危機の原因は先進工業国にあり、途上国は被害者であるとの意識を持っている。

　次に、第1回G20金融サミットから第2回サミットまでの4か月半の展開をまとめてみる。客観的な事実と筆者のコメントの構成である。5章の「表5－2　IMF改革の国別提案」を参照。

　（歴史観の欠如）
　筆者のコメント：
　　欧米のG20関係者の発言や識者の文献で、国際金融体制（IMFを含む）の歴史への言及が極めて少ない。
　筆者の分析：
　　理由は、過去の国際金融体制が先進工業国主導であったこと、またIMF・世界銀行を介して途上国（新興市場国）に米欧諸国が経済自由化を強制したこと、といった批判がこれまでなされてきたからであろう。
　　また、被害にあったのが途上国・新興国であり、被害者意識は強い。それに対して、これまでのIMFや米欧諸国の反省は不十分であったと考えられる。こうした中で、再度先進工業国主導で制度改革が提案されており、それに対する途上国側の見る目を考慮しなければならないだろう。
　　そして、将来に向けて、短期的な措置をとらなければならないが、中長期の制度改革を考える場合、歴史を踏まえたものであるべきである。以下が、IMFを中心とした国際金融制度の過去の問題点である。
① 1980年代初頭から経済・金融自由化や構造改革を新興国と途上国に強制した（20年間）。
　　問題点は以下。ア）もともとIMFに加盟国の内政干渉につながる強制が認められていなかった。イ）途上国に強いて、米国、フランスなど先進国に適用しない非対称性があった。途上国側の不公平感は強い。
② 強制した政策内容ないしコンディショナリティが米英流の市場至上主義であった。
　　政策内容には、金融自由化も含まれており、途上国側の市場もこじあけられることとなった。そして、とどのつまりが今回の金融危機である。
③ 貧困国の債務帳消し。
　　IMF・世銀の構造改革ないし構造調整支援の融資が不良債権となり、2005年の

イギリスのグレンイーグルズ・サミットで、当時のブレア首相主導で、最貧国に対するこれら国際機関の債務の帳消しが決まった。80年代初頭からの構造調整融資は不良債権となり、返済が不能となったのである。

④ 2000年初頭のIMFの財政危機。

　IMFが融資に過度に依存する財務体質となっていた。理由は、ア）先進国が財政面の支援を十分にしなかった、イ）改革の成功による融資の減少、ウ）政策介入を嫌う新興国などの融資依頼の差し控え。

（アジアへの言及の少なさ）

　米欧の改革論議にアジアへの言及が少ない。10年前の1997－98年のアジア金融危機に対する言及も少ない。

客観的事実：

　米国、欧州の関係者がG20サミットを巡って活発に発言し、提案をしているが、中国を除くアジア諸国に関わる分析や言及がほとんどない。特に、東南アジア諸国については皆無に近い。大国である中国だけに対する言及は比較的ある。

筆者の分析：

　アジア金融危機においてはIMFの処方箋が集中砲火を浴びたが、その政策内容は米欧主導のものであった。したがって、あまり参照したくないという意識があるのかもしれない。また、日本も除外して、欧米主導で改革のリーダーシップをとるという姿勢が強い。

（欧州のIMFクォータに関する意見が少ない）

　欧州諸国は、金融市場規制やその他多くの分野について積極的に提案しているが、IMFの業務を左右するクォータ（割当額）とボイス（発言権）の先進国偏重を改めようとの姿勢がみられない。

客観的事実：

　今回の改革を主導するユーロ圏諸国とイギリスは、IMFだけについても、金融・経済の監督強化や財源確保を積極的に提案しているが、クォータ・ボイスに関わる発言はかなり少ない。

　抜本的な改革を中期的にもしないつもりか、内部でのコンセンサスがとれていないか、ということだろう。従来改革に消極的であったフランスでさえ、2002年にフランス財務省が、公開文書でも欧州諸国がONE VOTEであるとの想定で論述している。

識者のコメント：
　2008年に5年に1回のクォータ改革が終わったばかりであり、この問題には時間がかかる。2009年2月20日に面会したオックスフォード大学によれば、クォータに関わる議論はその算出式など技術的なことに多大の関心が向けられてきたが、本来政治的に判断すべきことである。過去において、米欧諸国が既得権益を失わないように、改革に消極的であった。

筆者の分析：
　ユーロ圏諸国とイギリスの戦略は、第1に監督強化や財源確保で改革を主導したという点でポイントを挙げる。第2に、中長期的なIMF財源の大幅な増加の中で、それができない新興国・途上国に対して一定の権益保持を図る、ということではないか[3]。
　ユーロ圏内の様子はよくわからないが、一部情報では一枚岩ではない、とのことである。クォータについては、経済規模に比してシェアが大きい国がいくつかあり、また理事選挙で新興国グループと組んで代表となって、理事会に出席している欧州諸国がある。これらの国は抜本的なクォータ改革を支持しないだろう。

（イギリスとフランスのスタンスは違うのではないか）
　G20について、フランスがEUの取りまとめにかなり積極的に行動した。同じEUのイギリスも協力的に見えるが、同国とフランスのスタンスに違いがあるのでないか。

客観的事実：
　非ユーロのイギリスとフランスが主導するユーロ圏諸国のスタンスは似通っている。イギリスは、従来アメリカと同じスタンスをとることが多く、またアメリカを大きくしのぐ金融覇権国であるが、ブラウン首相の発言、マスコミ報道を見る限り、かなり協力的である。

識者のコメント：
　2月後半に面会したオックスフォード大学の2教授とパリ大学教授はいずれも、イギリスとユーロ圏諸国との利害の違いを指摘した。もう1名のパリ大学研究者を含めて、イギリスはユーロに加盟しないだろうとの認識である。
　フランスは、英米の経済・金融覇権をそぐ絶好のチャンスと見ているだろう。先進国の中では、伝統的に政府の介入が大きく、経済自由化導入も遅れた。同国は、WTO交渉でも保守的で、伝統的な規制論者である。

筆者の分析：
　イギリスが改革に積極的な理由は以下である。

① イギリスの金融街、シティーの銀行の中心は米系であり、今回の大失敗を踏まえて、改革を唱えざるを得ない、そうしなければ国民の支持を得られないというのが、ブラウン首相の考えだろう。

　イギリス経済は金融部門に大きく依存しているが、金融関係者の業務を制限せざるをえないとの判断を持っていると考えられる。

　例えば、オックスフォード大学教授が早期警戒システム導入について指摘しているが、改革の旗振りをせざるをえないブラウン首相の政治的な選択である。

② イギリスは1980年代初頭から市場志向への転換、1986年の証券を中心とする金融改革（ビッグバン）、2000年の金融庁（FSA）への金融監督一本化と、政策改革で常に世界をリードしてきた。今回も金融監督面でのリーダーシップを取れるとの判断がある。アメリカ、フランスは監督体制が分権化しており、アメリカの体制の不備が今回の危機の一因である。

③ イギリスは、ユーロ圏に加わらないことで、金融覇権の維持に努めつつ、IMFのクォータなど改革ではユーロ圏がONE　VOTE（クォータのシェアをまとめる）、非ユーロ圏ONE　VOTEとして、後者の代表として一定の権益保持を狙っているのではないか[4]。

④ また、ユーロ圏に加わらないことで、一定の規制の同一化に同意しつつも、フランスなどが主張する強い規制は自国では実施しないですむと見ているだろう。

（アメリカは現状維持可能と見ている）

　アメリカは、IMFを通じて経済自由化を世界に強制してきた。IMFの議決を決めるクォータ改革が抜本的に進んだとしても、現在と変わらぬシェアを確保できる、と考えている。

　客観的事実：

　アメリカの立場としては、クォータを抜本的に再編成したとしても、アメリカのシェアは現行とあまり変わらないと推定される（多くの識者の分析結果）。重要事項を拒否できるシェア（15％）も獲得できるとされる。

　筆者の分析：

　筆者が面会したオックスフォード大学教授も指摘しているように、第2回のサミットで、アメリカは、以前と同じく欧州のクォータ改革をまず先に、と提案するのではないか。すなわち、上述したが、IMF理事会の欧州諸国の票をまとめられるか、ということである。

　アメリカと欧州の同意として、IMFの通常5年のクォータ改革の期間を縮めて実

施して、新興国と途上国のある程度のシェア増大を図る、という提案が出てくる可能性がある。しかし、資金力のない途上国・新興国に対して、増資をして米欧の権益、影響力は維持したいというのが本音だろう。

　先の話だが、シェア再構成の焦点は、米国とユーロ圏がそれぞれ15％程度のシェアになるとして、拒否権の行使をなくすことができるかどうかである。アメリカは拒否権の保持を期待するだろう。

（2）　検証：アングロ資本主義への仏独の挑戦

　サルコジ仏大統領はハンガリーからの移民の出であり、2007年5月に与党である右派の代表として大統領選で社会党候補のロワール女史を破った。当選後すばやくベルリンに飛び、仏独同盟を政策の中心と位置づけた。また、イギリスのブラウン首相との関係も良好である。そして、前任のシラク大統領（同じ与党）がイラク戦争を巡ってブッシュ政権やアメリカと冷たい関係にあったのに対して、ブッシュ氏の懐にすばやく飛び込み、両国間に良好な関係を再構築した。

　日本については、あまり好意的でないようである。シラク氏が大の日本びいきで、相撲の番付表まで取り寄せていたのとは対照的である。サルコジ氏は「すもうは動物的で、品がない」と酷評したほどである。一説では、同じ与党にありながら、シラク氏への対抗意識が強く、シラク氏が好きなものは何でも嫌い、らしい。シラク氏は自分の後継としてサルコジ氏を避けたかったが、党の中枢はサルコジ氏に抑えられていた。

　お陰で、サミットやG20サミットなどの期間中に開催される二国間の首脳会議が、日仏間では実現していない。また、2008年は日仏交流150周年であったが、サルコジ氏の正式な日本訪問はなかった。残念なことである。

　以上はサルコジ氏の私的なことを含むが、少なくとも同大統領の政権と日本の政権が密接な関係にないのは明らかだろう。

　一般的にフランス政府の政策をみると、伝統的にフランスは英米などアングロサクソンに対する対抗意識が大きい。また、アジアについては中国重視できた。また、大国意識はあり、アメリカの同盟国である日本に対して低い評価を

しているかもしれない。

経済政策の面では、フランスは伝統的に政府介入型のタイプで、自由貿易についても管理貿易の立場をとった。日本のカラーテレビの輸入を制限するために、フランスの地方のある町でのみ税関業務を行うという嫌がらせ的な措置をとったことがある。

また、G20 サミット結成の旗振りをしたのは、アングロサクソン、英語主導の世界経済運営に対して、そうでない陣営の代表としてフランスが行動するこれまでの政策の反映であろう。

こうしたことから、G20 サミットについては、英米の金融覇権の大失敗を反攻の好機ととらえているだろう。2008 年 11 月 15 日の G20 会議直後の EU 議長と共同の記者会見において、「アングロサクソン資本主義」と挙げて批判している。そして、自由化されすぎた金融市場の規制を全面的に提案している。

（3） 首脳声明の要点

表 3-2 に首脳声明に骨子を示した。

表 3-2 ワシントン・サミットの首脳声明

今次危機の根本的な原因
高い成長、資本フローの伸び、安定が続いた期間に、市場参加者はリスクの適正評価無しに高利回りを求め、脆弱な引受け基準、不健全なリスク管理慣行、複雑で不透明な金融商品と結果としての過度のレバレッジが、システムを脆弱にした。いくつかの先進国では、政策・規制当局はリスクを適切に評価せず、金融の技術革新についていけなかった。背後にある主な要素は、一貫性と調整のないマクロ経済政策と不十分な構造改革などであり、これらが世界的マクロ経済上の持続不可能な結果を導いた。
とられた措置及びとるべき措置
・金融システム安定
・金融政策による支援の重要性を認識。
・財政の持続可能性の維持に留意しつつ、即効的な内需刺激の財政施策を活用。

・新興国・途上国の資金調達を支援。危機対応における IMF の重要な役割を強調し、新たな短期流動性ファシリティを歓迎。
・世銀、国際開発金融機関が開発支援にその能力を活用するよう奨励。
・IMF、世銀、国際開発金融機関の資金基盤を確保。

<u>金融市場の改革のための共通原則</u>

金融市場と規制枠組みを強化する改革を実施する。規制当局間の国際連携、国際基準の強化及びその一貫した実施が必要。金融機関もまた混乱の責任を負い、その克服のために役割を果たすべし。我々は以下の改革のための共通原則と整合的な政策の実施にコミット。

・透明性及び説明責任の強化
・健全な規制の拡大
・金融市場における公正性の促進
・国際連携の強化
・国際金融機関の改革

<u>閣僚及び専門家への指示</u>

財務大臣に G20 指導国（伯、英、韓）の調整により、プロセス・スケジュールの開始を指示。具体的な措置の最初のリストとして、2009 年 3 月 31 日までに完結すべき優先度の高い行動を含めて添付の行動計画に規定。他の経済国や既存の機関が任命する専門家の提言も参考にしつつ、各国の財務大臣に対し、以下の分野を含む追加的な提言の策定を要請。

・規制政策における景気循環増幅効果の緩和。
・市場混乱時の複雑な証券についての国際会計基準の見直しと調整。
・信用デリバティブ市場の強靭性と透明性の強化及びシステミック・リスク軽減。
・リスク・テイクと技術革新へのインセンティブに関連する報酬慣行の見直し。
・国際金融機関の権限、ガバナンス及び資金需要の検討。
・システム上重要な機関の範囲を定義し、その適切な規制・監督の決定。

<u>開放的な世界経済へのコミットメント</u>

・保護主義を拒否し、内向きにならないことの決定的重要性を強調
・WTO ドーハ・ラウンドを成功裏に妥結に導く。
・現下の危機が途上国に与える影響に留意。ミレニアム開発目標の重要性、開発援助に関するコミットメントを再確認。

出所：外務省ホームページ、「金融・世界経済に関する首脳会合　宣言（骨子）、平成 20 年 11 月 15 日」

http://www.mofa.go.jp/mofaj/kaidan/s_aso/fwe_08/sks_k.html （2009（平成21）年5月14日閲覧）、を利用して筆者作成。

参考資料として、下記は、トロント大学のG20情報センターのHPに、会合直前に載った第1回G20サミットが求める成果である。

G20サミットが求める成果 (Expected achievements)

A. Financial Stability
College of Supervisors
Early Warning System
Clearing House for Derivatives
Accounting Standards
Bank Capital/Liquidity Standards
Rating Agencies Registered
Executive Pay Guidelines to discourage excess of risk taking at financial institutions

B. Macroeconomic Policy
Fiscal Stimulus Package
Monetary Policy Coordination

C. International Financial Institutions
Financial Stability Forum
dedicated budget
more bodies
expand membership to emerging economies
expand mission
make it seat of College of Supervisors

> make it key part of Early Warning System
>
> International Monetary Fund
> more money to lend
> voice and vote enhanced for emerging economies
> make monitoring rich members mandatory
> make it part of Early Warning System

出所：John Kirton, Director, G20 Research Group, University of Toronto, (G20 Analysis) "G20 Leaders Summit: Projected Achievements", G20 Information Centre, MUNK CENTER for International Studies at Trinity College, University of Toronto http://www.g8.utoronto.ca/g20/evaluations/kirton-achievements-08114html November 14, 2008

文献・注

1) Braithwaitein, T. (2009), IMF needs overhaul say global banks, Financial Times, (FT. com), 13 April. 4月15日閲覧。
2) 出所：Conférence de presse conjointe avec M. Jose Manuel BARROSO, Président de la Commission européenne, Sommet G20 à Washington, samedi 15 novembre 2008〈フランス大統領府 HP より〉
3) ストロスカーン IMF 専務理事によれば、2008年3月のクォータ改革で最も激しく抵抗したのが英仏両国である。
4) 現行では、IMF の実権を握る理事会の24理事の過半を欧州人が占めている。また、ドイツ、イギリス、フランスは選挙で選ばれない任命理事である。アメリカと日本も同様である。これら欧州3か国以外に、いくつかの欧州諸国が理事を送り出している。

第4章

歴史的合意（G20ロンドン・サミット）

　本章では、2009年4月にロンドンで開催された第2回G20金融サミットの政策内容を説明する。政策の中で重要なIMFは本章でも扱うが、第5章で独立に詳しく説明する。

1．第2回金融サミットの討論

（1）　動向の検証

　第2回G20金融サミットは4月1～2日にロンドンで開催された。当然のことながら、会議前から交渉は続いており、マスコミからの報道によると米英と仏独が引っ張る欧州諸国の間で対立が生じていた。

　前章で説明した第1回サミットで出された方策のうち、まずマクロ政策において、財政刺激策について対立が明確になった。すなわち、アメリカが主導する形でイギリスと日本がさらなる財政出動を求めたのに対して、仏独両国と欧州中央銀行はこれまでの財政措置で十分であるとしてさらなる刺激に反対した。

　かれらの反対の理由のもう1つは、さらなる財政の悪化を懸念したことである。元々欧州連合の中核を占めるユーロ圏諸国において、通貨ユーロを守るために、経済安定・成長協定があり、財政規律を課していた。今回の危機前では、財政赤字の対GDP比率は3％までと決められていた。

　それが、2009年4月22日発表の「世界経済見通し」の2009年の予測では、

フランスが− 6.2％、ドイツが− 4.7％とすでにマイナス 3 ％を大きく超えている。財政の追加策がないという前提の数字と思われる。日本、アメリカ、イギリスの比率はかなり大きい。追加策も含めた予測であろう（表 2 − 2）。

次の対立点は、金融部門ないし市場の規制の程度であった。第 1 回金融サミットで規制の強化の方向が出されたが、具体策についての対立がかなりあったようである。

コミュニケと主な政策手段は、次節で詳説する。ここではイギリスのブラウン首相の会議後の記者会見の内容を説明する。非常に印象的であったのは、かれが「古いワシントン・コンセンサスは終わった」と言ったことである。また、銀行の秘密主義も終了と明言し、過去の民間任せの市場志向の政策からの決別の姿勢を示している。

また、当然のことながら、1930 年代の大恐慌時の対策と違って、G20 諸国が見事な協調を見せたと強調している。「1933 年の不況は第 2 次世界大戦へと導き、再度協調的政策が採られ始めたのは終戦の 1945 年であった」と述べている。

（2） 検証：仏独への日本の反撃

第 2 回 G20 会議において、すでに G7 でなく G20 でなくてはいけないとの意見が定着している。日本について、中国やインドなど G20 でメンバーが増えることで、存在感が薄れたとの報道が多かった。しかし、麻生首相はじめ日本側はこの会議に向けて、必要な行動は十分にとったのではないか。先に述べたフランス、ドイツの路線に対して、かなり反撃に出た面もあったといえる。

まず、基本線として同盟国のアメリカとイギリスと連携をとり、重要な役割は果たしたといえよう。ここで確認するが、日本は小泉政権下でアメリカの最も重要な同盟国となっており、従来からアメリカと同盟関係にあるイギリスともかなり近い関係にあったといえる。G20 会議では米英対仏独の意見対立があり、日本は米英側について相応の役割分担を果たしたといえる。

具体的には、第 1 回会議で日本は唯一 IMF への 1000 億ドルの融資を表明したが、これはイギリスとの相談の上であった。資金的に余力のある日本が、ア

メリカ、イギリス発の金融危機を、IMFによる新興市場国や途上国に対する融資を通して支えようとしたのである。そして、第2回会議では主催者であるイギリス、ブラウン首相がいちはやく日本の貢献を持ち上げ、各国に対して同様の資金面の支援を訴えた。

もっと重要な日英連携は、既述の財政による追加措置を巡るものであった。会議前からアメリカが他国に追加的な景気刺激のための財政出動を求めたが、仏独は真っ向反対していたのである。

これに対して、G20サミットの朝食会合で第1に麻生首相に発言させて、日本の景気刺激策をアピールさせたのである。そして、出席者に同様の行動を訴えた。

日本の報道では、景気刺激策の是非はさておいて、麻生首相が反対派のドイツ、メルケル首相を批判したことを否定的に述べている。すなわち、会議前日のイギリスの代表的な経済誌ファイナンシャル・タイムズの第1面に首相の写真と共にその会見記事が載っていて、そこで同国を名指しで批判している。大文字でも書かれているのである。

すでに述べたように、米英日はさらなる財政支出を第2回会議に期待したが、仏独主導の欧州諸国（特にユーロ圏諸国）は会議前から財政規律を盾に反対した。メルケル女史は、G20サミット期間中に麻生首相の発言に対して強い不快感を示している。これを指して、日本の報道は、G20で協調すべきなのにむやみに対立をあおったと批判している。

しかし、G20会議においては議論をすべきであって、SILENTと批判されることが多い日本の首相としてよくぞドイツにモノ申したと評価できる面もあるのではないか。

一方、第1回G20会議から米英に厳しく当たってきたサルコジ大統領は、金融部門の規制を巡る準備会合でフランスなどの意見がとられないことに不満を持ち、「むだな会議にずっといることはない」と会合途中の退席を表明しているのである。

参考として、2009年4月の『世界経済見通し』の記者会見で、IMF局長はさらなる財政刺激を求めている。すなわち、アメリカ、イギリス、日本の立場

第 4 章　歴史的合意（G20 ロンドン・サミット）　59

に立っているのである（詳細は第 4 章 2．(2)）。

(3) LIVE 検証：オバマとブラウンの記者会見（2009 年 4 月 1 日、G20 サミット直前）

　米英両国がさらなる景気刺激策を求めるのに対して、仏独など欧州諸国が反対すると報道されている中で記者会見が行われた。

　　（参考：Transcript: Obama's G20 Press Conference
　　The President Answered Questions From Reporters At The End Of The G20 Summit In London）
　　（CBS）Below is the transcript, as released by the White House, of a joint press conference between President Barack Obama and British Prime Minister Gordon Brown, April 1, 2009, in London.

　　VIDEO　（You Tube）
　　Brown vs. Obama: talking heads of states 1/4
　　Brown vs. Obama: talking heads of states 2/4

以下が質疑の要点である。

　　Q．AP 記者
　① オバマ大統領、あなたは、アメリカの経済的リーダーシップに対する挑戦がある中でここ（ロンドン）にきている。（例として、）さらなる景気刺激策への抵抗、グローバル・カレンシーの問題、より厳格な（金融）規制。それにどのように答えるか。アメリカ・モデル、アメリカの覇権が低下しているとの議論にどう答えるか。
　② ブラウン首相、フランスのサルコジ大統領は規制がより厳格にならないのであれば、サミットを途中退席すると言っている。どう答えるか。
　　A．（①に対して）　オバマ大統領
　　10 年前、20 年前、30 年前に、アメリカが衰退しているといわれていた。実際に

はそうではなかった。われわれの経済モデルは活力あるものであり、われわれの政治モデルは持続的なものであり、大変困難な時期にもわれわれを支えてきた理想がある。

われわれの世界の金融システムにおける優位性により、われわれがどのように世界市場に参加してきたかに疑問を投げかけるのは当然だ。その疑問のいくつかはまったく正当なものである。

景気刺激策に関して意見の違いがある。しかし、すべての政府が現在の困難な事態に直面して景気刺激策を採らなければならない点について、まったく論議の必要はない。

金融市場の規制について、ガイトナー財務長官が下院に対して提案した規制策は、他のG20サミット参加国と同様にかなり抜本的な内容となっている。

A.（②に対して）　ブラウン首相

私は、サルコジ大統領が夕食会に出席するだけでなく、最後まで着席すると確信している（オバマ、ブラウン両氏がスマイル）。

オバマ大統領が答えたように、これほど多くの国が協調して危機打開に当たるといったことはこれまでなかった。（今回提案されている）金融システムの改革は、アメリカのリーダーシップによるところが大きい。

筆者が解説すると、オバマ大統領はアメリカの責任を認めている。サルコジ大統領の脅しに対しては、両氏とも協調を前面に出している。

グローバル・カレンシーの問題について捕足すると、会議前に中国の人民銀行総裁が、将来ドルでなくIMFの通貨単位であるSDRを国際的な通貨とする必要があると表明したことである。これについては、出席者の話では、突っ込んだ議論はなされなかったようである。

(4) LIVE検証：インド首相の記者会見

インド首相、Dr.Manmohan Singhの4月3日の記者会見において、記者の質問に答える形で以下が述べられた。

・過去においてIMFの政策条件が厳しかった。それが緩和された形の新融資がメキシコに供与されたことを評価する。
・過去において途上国・新興国のみ厳しいサーベイランスが行われて、先進工

業国に対してはほとんど行われなかった。今回の危機は先進工業国発であり、IMFに責任の一端がある。
・IMFのクォータについて、その増加は合意されたが、加盟国間の配分は（具体的に）決まっていない。長期の観点からの対応が必要だ。
・昨日のG20サミットのスピーチで挙げたが、保護主義の是正が必要である（同首相は第1回のワシントン・サミットでも訴えている）。貿易財の保護主義だけでなく、金融を含むサービスの保護主義にも注目するべきである。先進工業国で救済する金融機関の海外への融資を抑制させるのも、また途上国に所在する外国銀行が融資を止めるのも保護主義であると考える。

　解説すると、世界貿易機関（WTO）のドーハ・ラウンドの交渉では、アメリカとEUに対して、新興市場国の代表としてインドとブラジルが4か国会合を開催しているが、インドの対先進工業国に対する交渉に臨む姿勢は強いものがある。
　IMFの責任を明言し、途上国の側に立って貿易の保護主義に警鐘を鳴らしている。今後に向けて注視すべきは、先進工業国が大きなシェアを占めるIMFクォータについて、先進工業国と途上国の間の比率の再配分が実現するかどうかである。

2． 第2回G20金融サミットの提案

　本節では、2008年11月15日の第1回G20金融サミットを参照しながら、2009年4月1〜2日の第2回サミットの政策内容を説明する。まず全体の内容を解説し、その後に政策分野ごとに説明する。

（1） 第2回G20金融サミット宣言の全体像
　本項では、第2回のG20金融サミットの全体像を、第1回のサミットの政策内容を参照しながら、解説する。まず第2回G20サミットの首脳声明は、

表4-1の通りである。

　G20金融サミットの政策内容を全体的に見る場合、短期の政策と長期の政策に分ける必要がある。すなわち、現行の未曾有の経済危機を早急に打開する景気回復策と、時間がかかるが今回の危機の原因をとりのぞく、金融制度改革などを中心とする政策である。前者は保護主義への傾斜への反対などの貿易政策を、後者はIMF改革を含む。

　その内容を特に強調すべく、以下にホストのブラウン首相が会議後の記者会見で発表した6つの合意内容を挙げる。

① 国際的に銀行部門を監督するシステムを構築することに初めて合意した。

　　主な内容：初めてヘッジファンドを監視の対象にする。銀行の秘密主義を廃し、監督を強化する。租税回避地域（タックス・ヘイブン）の情報開示を実現する。

② 銀行の不良債権を一掃する。

③ 歴史的な規模のマクロ経済刺激策が採られる。

　内容：財政政策は来年までに5兆ドルに上る。金融政策の緩和は続く。また、IMFなどを通して1兆ドルの融資が可能となった。

④ IMFのサーベイランス（監視）機能を強化して、融資規模を3倍にする（2,500億ドルから7,500億ドルへ）。また、2,500億ドルのSDRの創出を行う。IMFの機構改革に取り組み、新興市場国と途上国の発言権と代表権を高める。

⑤ 国際貿易振興のために、ドーハ・ラウンドの妥結につとめる。また、貿易信用のプレッジ額を1,000億ドルから2,500億ドルに増やす。

⑥ 最貧国への支援を強化する。IMF保有の金の売却により、500億ドルの支援を実施する。

　そして、次の第4章2．（2）より、これらの政策分野に対応する形で説明する。すなわち、景気回復のためのマクロ経済政策、その後は比較的時間がかかる改革として国際金融制度改革、貿易を取り上げる。金融制度改革は、各国内の制度改革もあるが、国際的な制度の改革を主に取り上げて、トピック毎に

詳しく検証する。その際に、IMFの改革も扱うが、5章で詳説する。

表4-1　ロンドン・サミットの首脳声明

<u>総論</u>
・世界的な危機には世界的な解決策が必要。市場原理、効果的な規制及び強力な世界的機関に基づく開放的な世界経済が重要。
・本日の合意により、IMFの資金を7500億ドルに3倍増、2500億ドルの特別引出権（SDR）新規配分を支持、国際開発金融機関による1000億ドルの追加的貸付を支持、2500億ドルの貿易金融支援を確保、最貧国向け譲許的貸付のためIMF保有金売却益を活用。全体として信用と成長及び雇用を回復させるための1．1兆ドルのプログラムを構成。これは、各国がとっている措置とあわせ、前例のない規模の、回復のための世界プランとなる。

<u>1．成長と雇用の回復</u>
・我々は前例のない、連携した財政拡大を実施中であり、これにより何百万もの雇用を維持・創出。来年末までに財政拡大は5兆ドルに上り、生産を（累積で）4%拡大。我々は成長を回復するために必要な規模の継続した財政努力を行うことにコミット。
・多くの国で金利は大胆に引き下げられてきており、中央銀行は価格の安定と整合的に、非伝統的な手法を含む、あらゆる金融政策の手法を活用しながら、必要とされる間、緩和政策の維持することをプレッジ。
・貸付と国際的な資金フローの回復がなければ、成長回復のための政策は効果をあげない。流動性供給、金融機関への資本注入、不良資産の問題への対処のため、銀行システムに対しこれまで大規模かつ包括的な支援を実施。
・共同して行動することによりインパクトは拡大。さらに、国際金融機関、貿易金融を通じ1兆ドルを超える追加的資金の提供に合意。
・IMFは2010年末までに世界の成長率は2%超に上昇と予測。我々は回復及び成長を確保するために必要なあらゆる行動をとることにコミット。IMFに各国の措置の定期的な評価を要請。
・財政の長期的持続可能性及び価格安定を確保。

<u>2．金融監督及び規制の強化</u>
　金融セクター及び金融規制・監督における大きな失敗が危機の根本原因。強力で整合的な監督・規制枠組みを構築すべく行動。

（ワシントン首脳会合での）「行動計画」を実施中。今回「金融システムの強化」についての宣言（付属文書）を発表した。
- 金融安定化フォーラム（FSF）を引き継ぐ金融安定理事会を設立。早期警戒を実施するためIMFと協働。
- 規制・監督をシステム上重要なすべての金融機関・商品・市場に拡大。ヘッジファンドが初めて対象に含まれる。
- 賃金と報酬に関するFSFの厳格な新原則を支持し、実施する。
- 景気回復が確実となれば、銀行の資本の質・量・国際的整合性を改善。過度のレバレッジ防止。好況時の資本バッファー積み増し。
- タックス・ヘイブンを含む非協力的な国・地域に対する措置を実施する。国家財政及び金融システムを保護するための制裁の用意。本日OECDが税に関する情報交換の国際基準に反する国のリストを公表したことに留意。
- 評価・引当基準の改善及び単一の質の高いグローバルな会計基準の実現に取り組む。
- 規制監督及び登録を信用格付会社に拡大。

財務大臣に対し、上記決定の実施を完了するよう指示。金融安定理事会及びIMFに対し、進捗状況を監視し、11月の次回財務大臣会合に報告するよう要請。

3. 世界的な金融機関の強化
- 新興国及び途上国も挑戦に直面。8500億ドルの追加的資金を国際金融機関を通じて利用可能とすることに合意。

 各国からの2500億ドルの当面の融資は、最大5000億ドル増強される新規借入取極（NAB）に組入れ。必要であれば市場借入を検討。

 国際開発金融機関による融資を、少なくとも1000億ドル増加。
- IMFの新たなフレキシブル・クレジット・ライン（FCL）を歓迎。
- 世界経済に2500億ドルの流動性を注入するSDRの一般配分、第4次協定改正の迅速な批准を支持。
- 国際金融機関の権限、業務範囲及びガバナンスを改革することに合意。

 2008年4月合意のIMF出資比率・発言権改革パッケージの実施にコミット。次期出資比率見直しを2011年1月までに完了。
- 世銀の発言権・代表権改革に関する勧告の2010年春までの合意を期待。
- 国際金融機関の長及び幹部の、開かれた、透明で実力本位の選出。

 持続的な経済活動を促進する、主要な価値と原則の必要性に合意。このような憲章を次回の会合でも議論。

4. 保護主義への対抗と世界的な貿易・投資の促進
　貿易は25年間で初めて減少。貿易・投資の再活性化は、成長回復に不可欠。
・ワシントンの誓約を再確認。いかなる違背措置も速やかに是正。誓約を2010年末まで延長。
・国内措置の貿易・投資への悪影響を最小化。金融保護主義に逃避せず。
・あらゆる措置をWTOに迅速に通報。四半期毎に公開で報告。
・貿易・投資の促進と円滑化のためのあらゆる手段をとる。
・貿易金融支援のため、2年間で最低2500億ドルを利用可能とする。
・ドーハ・ラウンドの野心的でかつバランスのとれた妥結にコミット。そのため、モダリティに関するものを含むこれまでの進展を基に更に進めることにコミット。
5. 万人のための公平で持続可能な回復の確保
・公平で持続可能な世界経済の基礎を築くことを決意。
　ミレニアム開発目標、ODA公約達成へのコミットメントを再確認。
　低所得国が利用可能な資金を500億ドル増加。
　IMF保有金売却益及び余剰資金を活用して、今後2〜3年にわたり、最貧国のために60億ドルの譲許的かつ弾力的な追加的資金を供給。
　国連に最貧層・最脆弱層に与える影響の監視メカニズム設置を要請。
・成長への刺激、教育・訓練への投資・積極的な労働市場政策により、雇用を支援。
　国際労働機関（ILO）他に各種行動の評価を要請。
・強靱で持続的かつ環境に優しい回復という目標に向け、財政刺激策を利用。
2009年12月のCOP15での合意達成へのコミットメント。

出所：外務省ホームページ、「ロンドン・サミット首脳声明（骨子）、平成21年4月2日
　　http://www.mofa.go.jp/mofaj/kaidan/s_aso/fwe_09/communique_k.html
　　（2009年5月14日閲覧）、を利用して筆者作成。

（2）マクロ経済政策
1）マクロ経済政策の内容
　まずマクロ経済政策について説明する。一般の政策論に依拠すると、多くの経済学者が同意する共通の政策目標として、短期はインフレの抑制、失業削減、国際収支改善が挙げられる[1]。まとめて言うと、マクロ経済安定化が政策目標である。そして、それはIMFの所管事項である。
　短期のマクロ経済安定化の政策手段は、財政政策、金融政策、為替レート政

策という通常のマクロ経済管理政策である。景気が過熱している場合、インフレと国際収支赤字が起こる可能性が高く、インフレ是正のために不況政策（総需要の抑制）を行う。もちろん、これらの政策、すなわち政府支出の削減と金利の引き上げとによって、全般的な経済不況、失業の増大など副次的な悪影響が生ずる可能性が高い。

　すなわち、政策目標の間にトレードオフ（二律背反）の関係がある。インフレ抑制と国際収支赤字抑制のためには、一時的な総需要抑制政策ないし不況政策が採用されるが、それは失業問題を深刻にさせる。

　他方、失業削減を満たすには、景気刺激策ないし好況政策を採用すればよいが、国際収支赤字を惹起し、インフレを増長する可能性がある。

　以上がマクロ経済政策の全体的な内容であるが、近年では金融政策重視となっていることに留意する必要がある。1929年の株価大暴落を契機とした大恐慌の際に、ケインズ理論に基づく大規模な景気刺激策（ニューディール）としてテネシー渓谷での公共事業が執行された。その成功により、ケインズ政策たる財政支出の増大が景気刺激策としてその後採用されることとなったが、1970年代に先進国においてそれまでの政府の介入を重視するケインズ主義に基づく経済政策に限界が見られていた。すなわち、経済不況とインフレの共存（スタグレーション）、財政赤字の増大が生じて、市場に対する政府の介入を正当化するケインズ政策の有効性が大きく揺らいだのである。

　そうした状況を受けて、市場の機能を重視する新古典派経済理論が再興し、特にフリードマンを中心とするマネタリズムの政策が重用されるようになった。マネタリストは、金融政策のうち、金利の操作も人為的な介入として反対して、貨幣供給量の調節だけを政策手段とした。かれらの政策の骨子は、財政規律（均衡）と貨幣政策の実施である。そして、加えて経済自由化という構造政策である。マクロ面では財政均衡と貨幣供給量の適切な調整、そして市場を競争的に、というのが、IMF・世界銀行が途上国・新興国に課した構造調整計画であった。

　この理論に基づく「新保守主義」の政策は、80年前後に誕生したイギリスのサッチャー政権とアメリカのレーガン政権とによって、市場志向の構造改革（経済自由化）として採用されることとなった。両政権は自国で自由化を進め

ると同時に、債務困難でIMFや世銀に救済を求めてきた途上国に対して、同様なマクロ経済政策と自由化政策を課したのである。

　以上は一般論であるが、今回のような景気停滞、失業増大、デフレの下では、景気刺激策をとらなければならない。国内経済だけ考えれば、財政政策として減税および公共支出（公共事業）増大が行われる。世界市場や貿易相手国の不況による国際収支の悪化については、為替切り下げが必要となる。問題はどの政策手段をとるのか、とれるのか、ということである。

2）世界金融危機の原因

　今回の深刻な金融危機の直接の原因は、2008年9月15日のリーマン・ブラザーズ破綻である。そしてそれを惹起したのが、ヘッジファンドを中心とする金融機関の野放図の投資、その監督・監視の不備である。これによって、バブルが発生し、その収束によって今回の経済後退につながったのである。

　根本的な問題として挙げられているのが、アメリカの経常赤字と中国の経常黒字である。アメリカの経常赤字の原因は、第1には同国の財政赤字である。アメリカの赤字の原因としてアメリカ側でよく海外要因が言われる。以前は、日本の黒字、今日では中国の黒字である。両国が十分な国内需要喚起策をとらないから、アメリカ製品が両国で売れずに、アメリカ赤字、日中が黒字になるという論である。しかし、識者の間での理解は、それは1つの要因であるが、最も重要な要因はアメリカ国内の要因、すなわち財政赤字であるということである[2]。よく言われる「双子の赤字」である。

　2008年にIMF第4条に基づくアメリカ経済の点検、いわゆる「4条協議」が行われた。そこでこの問題は指摘されているが、IMFの政策アドバイスが強制力をもたないということである。

　中国の黒字はアメリカの赤字の裏返しとして批判されうるが、より重要な点は同国の黒字はアメリカ以外の世界中の国々に対するものでもある。すなわち、世界経済の不均衡の是正ということであれば、同国が国内需要を拡大して世界からの輸入を増やすことを通じて貿易相手国の経済に良い影響を与えるべきであるということは言える。

一方、中国の場合、為替レートが伸縮的でなく、「貿易黒字→為替切り上げ→輸入増」[3]という為替レートの調整を通じる世界への貢献ができていないという批判がより強い。2005年まではドルとの固定相場制度をとっており、その後海外からの強い批判に答えて微調整で元高へ誘導している。しかし、市場の需給によって決まる伸縮的な相場制度の国とはみなされていない。

加えて、筆者は日本とドイツの貿易黒字にも言及したい。世界経済のエンジンは、アメリカ、中国に加えて、大きな貿易黒字を持っている両国である。基本的考え方として、両国は伸縮的為替レート制度を導入しているので（ドイツはユーロ）、上述の内需拡大が必要であるとの批判をあてはめることができる。

しかし、ここでは積極的な要因として挙げるのではなく、両国が内需刺激策をとれなかったのが、今回の危機の1つの原因であると述べたい。まず日本については、80年代末のバブル崩壊後90年代の「失われた10年」を引きずって21世紀に入っていた。今回の金融危機への教訓としてこの日本の金融危機が取り上げられるが、完全に金融問題を克服できたのは2003年であったといえる。その後も、全般的な経済不況下で、内需ではなく輸出に依存する経済成長が続いていた。

加えて、金融政策の緩和で、金利が極めて低い水準にあり、日本で資金を借りて海外で投資する海外金融機関の「円キャリー取引」が、世界の金融市場のバブルに貢献したのは事実であろう。

ドイツについては、同国の貿易黒字が日本をも上回る水準でありながら、国内需要を喚起する刺激策が十分にとられなかった。理由は、同国がユーロ圏に入っているからである。ユーロ圏の国々は通貨ユーロの価値を安定させるために、「経済安定・成長協定」によって財政規律とインフレ率をターゲットとした保守的な政策をとることになっていた。ユーロ圏最大の経済規模を持つドイツが自国の立場だけで財政支出を増やすことに制限がかかっているのである。

G20の第2回会議の争点が、さらなる景気刺激策であり、それに積極的なアメリカ、イギリス、日本の陣営に対して、フランス、ドイツ、欧州中央銀行が頑なに抵抗したのは当然のことである。しかし、第4章1.（2）にみるように、麻生首相がロンドン会議直前のFT紙の第1面でドイツを批判したのは適切で

あったし、IMFの世界経済見通しの記者会見で記者の質問に対してIMF担当者はさらなる刺激策は可能と述べている。

　以上をまとめると、アメリカの貿易赤字と中国の黒字に加えて、他のエンジンとなりうる日本が「失われた10年」を引きずり、ドイツがユーロ圏の政策の制約で、内需拡大による世界経済への貢献をできなかったのも今回の危機の重要な原因と指摘できる。

　本書の「はじめに」で挙げたように、IMF経済アドバイザー兼調査局長のブランシャーは、2009年4月22日の『世界経済見通し』に関わる記者会見で、2007年からのサブプライム問題、2008年のリーマン・ショックにより、2009年の世界の経済成長率が－1.3％、2010年に2％に回復との予測を発表した。

　ただし、特に重要なことは、2010年の予測は2％としたが、各国の財政・金融政策による景気刺激策の実施など条件が揃った場合と強調し、今後の世界経済の厳しさを指摘した。

（検証：　マクロ経済政策を巡る討論）

　IMFが2009年4月22日に『世界経済見通し』（WEO）を発表したが、その記者会見における記者との質疑応答で、今回の危機を打開するべきマクロ経済政策が明らかになっている[4]。以下がやりとりである。

　　Q. 2010年の予測について、世界の各地域における財政刺激策をどう評価するか。
　　A. IMF調査局長、ブランシャーの回答
　　　2010年のＧＤＰギャップは2009年より大きい。可能であれば、今もっと財政刺激を行うべきである。しかし、財政の中期的な持続可能性にも配慮するべきであり、年金や健康保険の制度の見直しを行うべきである。短期の刺激策と中期の改革を同時に行うべきである。

　筆者が解説すると、GDPギャップは経済の生産能力と需要との差額であり、その差額の分だけ遊休施設と失業が生じていることになる。したがって、景気刺激策をとらなければならないが、世界経済の主要国の金利はかなりの低水準になっており、また貨幣を供給しても景気が回復しないので、金融政策の採ら

れる余地は極めて限られているのである。したがって、財政政策の「出動」が期待されているのである。財政の規律を放棄するほどの異常事態という認識があるのである。

ただし、かれがその後に言っているように、中期的には財政規律が達成されるべきであるとの立場をとっており、近年のマネタリスト重視の路線を忘れないでいるのである。そのために、少なくとも財政支出削減を中心とする財政改革は不断に行われるべきと考えている。

しかるに、ドイツに関する記者の質問に答えて、ブランシャーの一般論としての追加の意見として、以下が重要な指摘である。

> 2010年、2011年にも経済が元に戻っていないと確信している。財政刺激策について、インフラ投資の効果が大きいが、その効果に時間がかかる。今回は特別措置として大規模な財政支出をするべきであり、様子を見て来年からというのはあまりに遅すぎる[5]。

同様の点は、Goldstein（2009年4月）も述べている。かれは1970-1994年にIMFに勤務しているが、G20コミュニケに対して比較的高い評価をしている一方で、マイナス点の一番として財政刺激で欧州諸国がこれまで採られた財政政策の結果を見てからという反対を挙げて、それが「誤りだ」と述べている。

日本と同じ大きな貿易黒字を抱えるドイツについて、2009年の経済成長率がマイナス5.6％、2010年も年間ベースでマイナス成長と予想されている。財政措置はとられており、財政赤字が、2009年5％程度、2010年に6％程度である。記者の質問に答えて、IMF担当者は「もっと（財政刺激を）やるべきである」と答えている。

この点で、第4章1．（2）で検証したように、日本がドイツに追加的な財政措置を求めたのは正しいのである。

最後に、WEO発表の週の最後に開かれた国際通貨金融委員会（IMFC）の記者会見における記者との質疑応答は、以下の通りである。

Q. LONDON TIMES の記者
　英国政府の予測より IMF 予測は悲観的であるが、その予測の妥当性は？
A. IMF 専務理事
　IMF は、より悲観的予測の立場をとっている。

Q. ファイナンシャル・タイムズ (FT) 記者
　G20 を中心に 2009 年の財政政策で合意ができたが、2010 年の予測は？
A. IMF 専務理事
　これまでに実施され、合意された財政政策の効果の評価（アセスメント）が必要である。

　解説すると、未曾有の危機に直面して、IMF の予測は硬め、より低いものとなっている。2008 年の世界経済予測について楽観的な予想を公表したのとは対照的である。また、財政政策など採られた政策の効果はなかなか把握できないということである。

　日本のマクロ経済政策については、「世界経済見通し」記者会見時に、日本の記者（テレビ朝日）の質問に答える形で、IMF 調査局次長は以下のように述べている。

　　米欧のように金融危機に直面していないが、世界の需要の減退によって大きな影響を受けている、そして政策を採れる余地が限られている。金融政策としてはすでに政策金利がかなり低く（0.1％）、財政政策としては大きな財政赤字を抱えている。

　もちろん、財政赤字があるにもかかわらず、多額の景気刺激策を実施していることは評価されている。

(3) 国際金融制度改革

　国際金融制度改革は G20 の重要な政策分野である。ここでは、金融制度改革は各国内の制度改革もあるが、国際的な制度の改革を主に取り上げる。その際 IMF 改革が中心であるが、ここでは適宜扱うとして、5 章で詳しく説明する。

1）金融政策の理解

　通常金融政策は上述のマクロ経済政策のうちの金融政策と為替政策を指すが、広義には信用秩序維持政策を含む。前者は物価の安定を主な目的としており、後者の目的は金融システムの安定である。マクロ経済政策については論じたので、以下に信用秩序維持政策について論ずる。なお、信用秩序維持政策はプルーデンス政策（prudential policy）といっている。

　政策実施の主体については、狭義の金融政策は中央銀行が担当する。信用秩序維持政策は、中央銀行に加えて、政府（主に財務担当省）が金融機関の破たん処理への公的資金注入など、政府による行政措置を講ずる。中央銀行と行政当局との間で密接なる協調が望まれるところである。

　信用秩序維持政策の政策手段は、2つに分かれる。すなわち、事前的措置（予防的措置）と事後的措置（セーフティネットの設置）である。予防的措置は金融機関に対する直接規制と間接規制、そして監督に分かれる。直接規制は参入規制など競争制限的なものであり、間接規制として金融機関の経営健全化のための措置、例えば自己資本比率などの規制がある。監督は、行政当局や中央銀行による金融機関に対する検査や考査である。

　事後的措置はセーフティネットであり、3つの手段がある。主体別に分類して、中央銀行による最後の貸し手機能としての特別融資制度、政府当局による公的資金注入、そして預金保険制度である。預金保険制度は、政府によって外部に、民間人の参画も得た機構が設けられることが多い。

　政策の変遷については、すでに述べたように、英米両国の主導の下に1980年辺りから経済自由化が進んだが、それがすべての部門ないし市場を対象としていることから、金融部門ないし金融市場の自由化や構造改革が行われた。

　先進工業国に対しては、アメリカを中心に二国間で圧力をかけることが行われたが、今日の新興市場国・地域を含む途上国については、IMF・世界銀行を通して金融の自由化が行われた。所得レベルが高い国については、IMFがマクロ経済政策のみならず金融を含む部門や市場の構造面の改革を進めた。低所得国については、IMFがマクロ、部門や市場は世界銀行という役割分担があった。世界銀行は金融部門を対象として政策条件(コンディショナリティ)をつけ

た国際収支支援の融資を行った。すなわち、金融部門(構造)調整融資である。

筆者は、日本政府の某省の委託で、フィリピンの金融部門調整融資のレビュー調査でマニラを訪問したことがある。中央銀行のプルーデンス政策や開発銀行、国営銀行の民営化と、金融市場の骨格に関わる部分への政策提言が行われ、実施に移されていたのがわかった。

政策内容としては、まず国内レベルでみると、金融機関に対する直接規制から間接規制への重点の移行である。つまり、市場原理を貫徹させるために、市場規律（市場による評価と競争による調整・淘汰）と自己責任の原則が中心と

表4－2　金融部門（市場）の信用秩序維持政策

金融システムの不安定性対応策		政策	具体策	重点策	関係機関
①個別銀行の不安定性	事前的措置	プルーデンス政策 介入の根拠： 金融機関の健全性	①市場規律に基づく公開(ディスクロージャー) 事前の措置		各国監督担当局 国際標準設定機関 FSF バーゼル委員会(BIS) IMF
			②公的規制	競争制限規制 バランスシート規制 自己資本比率規制 金融機関検査・考査 モニタリング	各国監督担当局 各国監督担当局 バーゼル委員会(BIS) 各国監督担当局 各国監督担当局
②金融システム全体の不安定性(システミック・リスク)	事後的措置 (セーフティネット)	プルーデンス政策 介入の根拠： システムの安定性	①中央銀行による 最後の貸し手機能 (無担保の特別融資) ②預金保険制度 (預金者の保護) ③政府の公的資金 注入 （自己資本充実のための資本増強）		各国中央銀行 (FED) 中央銀行間スワップ バーゼル委員会(BIS) IMF (対中小国) 各国保険機構(民間) 各国監督担当局

出所：酒井良清他（2006）『金融システム』有斐閣アルマ、第3版などを利用して筆者作成。
注：バーゼル銀行監督委員会は、プルーデンス政策全体に関わる。金融安定フォーラム（FSF）と一緒にBIS内にある。

なり、併せてそれと対応したルールに基づく公正な市場監視体制である。

次に国際的に見ると、国際市場において事業を健全に展開するために、国際的基準が採用されるようになってきた。代表例は、BIS自己資本比率規制である。

BIS規制のBISは、国際決済銀行（BANK FOR INTERNATIONAL SETTLEMENTS）のことである。スイスのバーゼルに所在する国際機関で、世界の中央銀行が主な構成員である。

BIS規制は1988年に導入され、国際的に事業を展開する銀行は自己資本比率8％以上必要としたものである。自己資本比率とは、原則的には、「自己資本／総資本（自己資本＋負債）」のことである。

そして、2004年には、自己資本比率に加えてリスク管理の仕組みに対する監督官庁の検証と、情報開示の3本柱となった。自己資本比率はかなり複雑なものとなり、負債の返済可能性を細かく見る指標が導入された。

上記の政策内容をまとめると、表4-2の金融部門（市場）の信用秩序維持政策となる。

2）ブレトンウッズ体制の概要

第2次世界大戦後の国際金融制度は、世界経済全般の秩序及び原則を規定したブレトンウッズ協定（Bretton Woods Agreement）による体制である。同協定は、1944年に調印され、翌年、1945年に28か国によって署名・発効した。

その体制は、アメリカを中心とする西側の先進工業国によって支えられ、国際機関としては同協定によって誕生した国際通貨基金（International Monetary Fund: IMF）と世界銀行（World Bank、以下世銀と呼ぶ）が重要である。

世界銀行は現在では5つの機関のグループを指すが、当初設立されたのは国際復興開発銀行（International Bank for Reconstruction and Development: IBRD）である。IMFは1947年、IBRDは1946年に業務を開始した。2005年に創立60周年を迎えたことになる。

両機関はブレトンウッズ協定によって設立されたので、ブレトンウッズ機関（Bretton Woods Institutions: BWIs）とも呼ばれる[6]。今回のG20提案の中心

課題は両機関の改革である。

　先進工業国に関するブレトンウッズ体制は、1971年のニクソン米国大統領のドルと金との交換廃止により、崩壊したとされる。それまでは、金の価値をベースに固定為替相場制度が採られていたが、1973年から日本も含めて先進工業国は変動相場制度に移行することとなった。

　両機関の融資については、初めは戦後復興のヨーロッパを中心とする先進工業国が主な融資対象国であったが、これらの国々の経済の回復に伴って、その後途上国への融資が中心となった。1990年代以降においては、融資対象国のほとんどは途上国である。問題は、両機関が英米の政権の政策に影響されて、1980年代初頭から途上国や新興国に対して急激な経済自由化政策を強制したことである。

　国際機関における位置付けとしては、国際機関は大きく分類すると、国際連合、国連経済社会理事会の各委員会、そして専門機関となる。IMFと世界銀行は専門機関に所属する。国際機関全体での役割分担となると、IMFは国際金融、マクロ経済を担当し、世銀は教育や経済インフラなどの開発を扱う。第4章2．（5）で詳述するが、国際貿易について世界貿易機関（WTO）が世界規模での貿易自由化を推進する役割を努める。一国レベルの貿易自由化はIMFが推進する。

　職員数は、IMFは3,000人弱で、世界銀行は1万3,000人のスーパー国際機関である。IMFがマクロ・エコノミスト中心であるのに対して、世銀はマクロ・エコノミストに加えて、灌漑や道路などのいろいろな分野の専門家やエコノミストを含んでいる。IMF本部は、ワシントンD.C.のH STREETにあり、世界銀行本部のビルの真向かいにある。両方は姉妹機関と呼ばれている。両機関、特に世銀は途上国に事務所を有するが、業務の多くは本部から派遣するミッションが行う。

　アメリカなど主要先進工業国が支援するIMF・世銀は、世界経済を取り仕切る存在である。IMFと世界銀行が合同で開催するのは、春季総会（spring meeting）と年次総会（annual meeting）である。毎年春と秋に1回ずつ開催される。多くの場合、主要7か国財務大臣・中央銀行総裁会議（G7）[7]とセッ

トで開かれる。

また、IMFと世銀の最高意思決定機関である総務会が共同で開催されると、合同開発委員会となり、途上国の開発問題に関して両機関の総務にアドバイスを行う。そして、以下のIMFの箇所で出てくる国際通貨金融委員会（IMFC）が、世界と各加盟国のマクロ経済や金融に関してアドバイスを行っており、2つの委員会が政策立案・実施上重要である。開発委員会とは異なり、IMFCはIMFだけに関わる組織である。

重要なことは、IMF・世銀の活動が、G7などの方針へのインプットとして、あるいはG7会議をインプットとしての具体化として位置付けられることである。例えば、まずIMFが『世界経済見通し』を発表して、それをベースに世界経済や途上国経済の問題が論じられるのである。

そして、通常G7/G8の方針は、主要国首脳会議（サミット）でより公式に決定され、世界に向けて発表される。このように、IMFと世界銀行の業務は主要先進工業国の政策を大きく反映したものと言える。2008年には8か国の首脳会議（サミット）が日本で開催された。

3）政策の変遷

歴史的には、すでに述べたように、イギリスにおいて1979年のサッチャー政権樹立から広範な経済自由化が始まり、その一環として国内金融の自由化が行われた。国際金融自由化については、1986年から証券業務の自由化を中心とするビッグバンが実施された。外国金融機関の参入と手数料自由化により、イギリス国内の金融機関は淘汰されたが、多くの競争力のある金融機関が参入することにより、表1-2でみるようにイギリスの金融覇権が実現した。

以下、日本を例に金融自由化の足跡を辿り、同様な変遷を経た他の先進工業国の理解の一助とする。日本では、イギリスに習い「日本版金融ビックバン」1996～2001年（「経済の基礎をなす金融システム改革」）が実施された。まず国内的には、大蔵（財務）省中心の統制的・裁量的な金融行政から、その統制的な政策介入を緩和した、市場規律（ルール）重視の金融監督体制へと機構改革が行われた。その過程で、それまで絶大的な行政力を持った大蔵省から新しい

機関への権限分離が行われた。

　具体的には、1998（平成10）年6月大蔵省から分離した機関として、総理府内に金融監督庁が設けられた。銀行・証券等を総合的に監督する体制となったのである。その後、1998年12月には、同庁を指揮する官民参加型の金融再生委員会が設立された。さらに、2000年7月、大蔵省の金融企画局の業務を含むものとして、内閣府に金融庁が設けられた。

　一方、中央銀行たる日本銀行は、大蔵省が絶大なる介入を行っていた時期には、その影響を大きく受けていた。日本銀行の総裁も大蔵省出身者が就任する場合が多かった。それが、その後政府から独立して金融政策を実施する体制になった[8]。

　そして、日本銀行の監督についても、1998年4月の新日本銀行法により、取引先金融機関に対する考査業務、すなわち金融業務および財産の状況に関わる立ち入り調査が認められた。日本銀行は、考査対象の金融機関の取引先について、業務運営や収益力・自己資本の状況、リスクの実態などを調査してきている。

　日本の国際金融自由化としては、「日本版金融ビックバン」が重要な部分として実施された。1998年4月の外国為替取引を緩和した、改正外為法（「外国為替及び外国投資法」）施行に続くものである。

　ビッグバンの内容は、外国為替取引の完全自由化、内外の資本取引自由化が骨子である。具体的には、為銀制度廃止により誰でも外為業務を行い、為銀以外でも外貨決済ができるようになった。スーパーで外貨を購入できるようになったことが話題となった。また、外国銀行を利用した取引も自由に行われるようになった。

　日本の国際金融自由化の影響をまとめると、第1に参入規制撤廃、削減により、外国資本の参入（株式投資、買収）が活発となる。新規参入増大、異業種の参入が相次いだ。

　第2に、価格規制撤廃、削減により、外国金融機関による個人金融資産の取り込みが多く起こった。一方、国内金融機関の金利の同一化は変わっていない。

　以上、日本を事例として、世界金融危機の前の状況を説明したが、留意すべ

きは、日本の金融自由化はイギリスやアメリカにかなり遅れたということ、そして1980年代末のバブル崩壊後の日本経済の「失われた10年」の下で、日本の金融機関はその競争力において英米勢を中心とする金融機関に劣ったものであったということである。

他方、以下で見る金融派生商品（デリバティブ）などヘッジファンドが扱う商品開発に遅れをとったお陰で、今回のアメリカ発の金融危機の影響が少なくてすんだという面はある。

4）G20サミットの政策の全体像

G20サミットの大きな成果は、各国における金融自由化を反省して、各国内のすべての金融部門ないし市場と国際的な同分野において重要な改革がなされたということである。総じて言えば、すべての市場、主体、商品に対して規制ないし監督が厳しくなるということである。

ホストのイギリス、ブラウン首相は、サミット後の記者会見で、はじめてヘッジファンド、債券等信用評価会社、租税回避地域（タックス・ヘイブン）が規制の対象となったと述べた。

5）（金融）市場の監督・規制

金融市場ないし金融部門を順を追って分析するために、ここではまず市場のタイプに関して監督・規制を見ていく。G20サミットの成果が画期的なのは、金融部門を広義で見た4業態、すなわち銀行、証券、信託、保険を一元的に見た規制・監督の体制がとられるようになったということである。

金融市場を一般的に分類すると、短期資本市場、長期資本市場、金融派生商品（デリバティブ）市場、外国為替市場に分けられる。短期資本市場にはインターバンク（銀行間）市場とオープン市場、長期資本市場には債券市場と株式市場がある。外国為替市場については、銀行（等）間市場と対顧客市場があるが、表1-2にみるように、英米両国が世界の取引の大部分を占めている。

他方、世界市場を地理的にみると、三大市場はロンドン、ニューヨーク、東京と言われるが、前の2市場の規模がかなり大きい（表1-6参照）。

そして、今回のサミットの対象として重要な市場はオフショア市場の中の租税回避地域・国（タックス・ヘイブン）である。オフショア市場は、各国の国内の金融市場と別に設けられて、世界規模での投融資など業務を行う特権を与えられた市場である。具体的には、外国の金融機関が誘致されて、税制での優遇措置を受けるのである。オフショア市場のうち、内外一体型がロンドン、香港、内外分離型がニューヨーク、シンガポールであるが、有吉（2003）では、第3として租税回避（タックス・ヘイブン）型としてバハマ、ケイマン諸島が挙げられている。2地域ともイギリスに所属している。世界中に多くの租税回避地域があり、欧州のスイスと小国（モナコ、リヒテンシュタインなど）も含まれる。

以上、主な市場について論じたが、金融危機の前には、ヘッジファンドに代表されるハイ・リスク、ハイ・リターンの投資が市場にまたがって世界規模で実施されたのである。そして、租税回避の下に特定の地域で活動する金融機関が、ブラウン首相の言う「SHADOW BANKING」[9] として野放図な投資を行っていたのである。

そして、今回の金融危機の原因は、第1に個々の金融機関が市場のルールとしての情報開示、規律、自己責任を十分に行わなかったということと、第2にその状況を十分に公的機関が監督・監視しなかったこと、である。後者については、アメリカにおいては、多くの監督機関が限られた業務の監督しか認められておらず、どの機関も全体的な状況を十分に把握できなかったといわれている。

イギリスについては、政府から離れる形で、独立の機関として金融サービス庁（FSA）が発足し、しかも一元的な監督業務を与えられていた。しかし、そのイギリスでさえ今回の危機を十分に予見できなかったのであり、FSAは厳しく非難されることとなった。

今回の危機前は、英米両国を中心に、これら4業態間の垣根が取り払われ、あるいは削減されて、一金融機関が4業態あるいは複数の業態にまたがって金融業務を行い、リスクある投資を行うようになっていたのである。例えば、AIGは保険会社であるが、他の業態ないし市場への過大な投資を行い、金融危機後にはヘッジファンドと変わらないハイ・リスク、ハイ・リターンの投資

会社であると厳しい批判を浴びた。

　G20の第2回会議では、監督などの一元的体制樹立に加えて、第1回会議に続いてフランスを中心にタックス・ヘイブンの規制が強硬に主張された。結局、サミット終了日の午後にOECDが情報公開などに十分に対応していない国・地域として、フィリピンなどを挙げた。このブラック・リストに載らないように、スイスなどは事前にかなり運動を展開したようである。また、サミット会合において、フランスと中国の対立があり、中国の香港とマカオはブラック・リストから除かれることとなった。

　スイスについては、アメリカ政府からの圧力で、伝統的な隠匿性に風穴が開けられた。第2回サミット後の記者会見でブラウン首相は「銀行の秘密主義は終わりだ」と述べた。

6）経済主体（プレーヤー）

　G20サミットの成果が画期的なのは、金融市場のすべての主体（プレーヤー）が監督、規制の対象となったことである。上記の金融部門を広義で見た4業態、すなわち銀行、証券、信託、保険の市場の経済主体すべてが対象となる。

　また、上記の市場のうち外国為替市場を例に説明すると、大きく分けて①銀行、②為替ブローカー、③中央銀行、④企業、⑤機関投資家、⑥個人、となる。④～⑥は銀行などにとって顧客である。上記のように、外国為替市場については、①～③の銀行（等）間市場と、①対④、⑤、⑥の対顧客市場がある。

　機関投資家として、上記の他の3業態、すなわち証券、信託、保険のそれぞれを主な業務とする会社や機関がある。外国為替市場については、これら機関投資家が利益目的に投資を行ったのである。1980年代には、日本生命などが「SEIHO」として世界の為替市場を席巻したのと同じである。

　機関投資家としては、ヘッジファンドが有力な機関であった。ここで、同ファンドを説明すると、それは私募のファンドであり、公募されるミューチュアル・ファンド（MUTUAL FUND）と異なる。また、今回の金融危機の戦犯とされているが、もともとは金融上の投資のリスクを回避する投資機関として、またその投資は市場の乱降下をならす効果があるとされていた。ヘッジは

HEDGE である。それが、金融市場のブーム下で、監督体制の不備をついて、巨額の利益を得るべく奔走した結果が今回の金融危機である。

次で説明するが、扱う金融商品は株式、債券、外為、商品などである。これらを複合的に含んだ金融派生商品（デリバティブ）を駆使して巨額の利益を得ていた。

日銀報告書などによれば、その特徴は、①投資戦略の自由度が高い、②絶対リターン追求型、③実績が当該ファンドの資金運用者の報酬と連動している、ということである。②の実際の投資行動としては、空売りがあり、第三者から株式や債券を借りて売却して、後で買い戻して貸し手に返却することである。

ヘッジファンドではないが、2007年8月のパリバ・ショックから世界の株式市場の株価は継続的に低落して多くの金融機関や投資家が大きな損失を被った。しかし、当時投資銀行としてアメリカのナンバーワンのゴールドマン・サックス社は空売りによって多くの利益を得たのである。ヘッジファンドは、世界で数千に上るといわれる。

G20サミットでは、ヘッジファンドが初めて規制の対象となり、また具体的な措置として運用者報酬が運用実績に連動する体系にまで踏み込んだ方策が採られることが決まった。

最後に、今回の金融サミットの大きな成果の1つは、金融商品の格付機関が初めて監督の対象となったことである。格付機関は、金融商品を販売する金融機関の依頼を受けて格付けを行うのであるが、その報酬が依頼機関から来るために、格付けが甘くなって、リスクの高い商品が跋扈することになったとの批判がなされたのである。

主な債券などの国際的な格付会社は以下の通りである。
　　米国系の格付会社：Moody's Investors Service、Standard & Poors
　　米英系の格付会社：Fitch Ratings
　　日本の格付会社：格付投資情報センター（R&I）、日本格付研究所
日本では、投資信託の評価会社として、上記のR&Iとモーニングスター社がある。

ムーディーズなどの格付の影響力は大きく、その格下げが日本の株式市場全

般の低下につながったことがあるし、日本が90年代の「失われた10年」の状況であったとき、日本の国債がアフリカのボツワナと同じであるとして政治家が批判したり、大蔵省が質問状を送ったりしたことがある[10]。

ちなみに、筆者はアフリカ全域を訪問したことがあり、ボツワナも訪問したことがあるが、ボツワナは人口200万人、工業用ダイヤモンドが世界の生産1位を占める国である。

◆CASEの検証：資源国アフリカの格付◆

2008年9月に筆者は南アフリカ共和国を訪問し、主に証券投資について財務省債券部シニア・アナリストと討論した。訪問した理由は、同国財務省が、日本の格付投資情報センター（R&I）が、2006年12月に、他の格付け機関に先駆けて、同国国債の格付けをBBBプラスからAマイナス（安定的）へ変更したことを評価することをWEB上で公表していたからである。

もちろん、英語を猛烈に速いスピードで話すアナリストは、新興市場国の中で最も高い評価を得て満足感を示していた。同国は民族問題による政治不安や治安の問題があるが、国際的な格付会社は冷徹な分析の元に、資源国としての南アフリカに高い評価を下していたのである。

オランダ系移民430万人を含む4,700万人（2007年）の南アは世界随一の鉱物資源国である。2006年時点の埋蔵量の世界に占める比率は、白金族（プラチナなど）が88%、マンガン77%、クローム72%、金40%である。ダイヤモンドの生産は世界5位（シェア9%）、鉄鉱石は第8位である。

その他の希少資源も豊富で、埋蔵量が32%を占めるバナジウムの生産は40%を占める。この金属は自動車や飛行機の建造に欠かせないが、南アに加えて中ロで世界生産のほとんどを占めており、日本の資源調達上きわめて重要な国である。

南アフリカ共和国は証券投資の面でも重要な新興市場経済である。株式市場の時価総額は世界で20位内であり、日本からの投資も近年活発である。本邦有力証券会社（野村證券）は2008年にアフリカ株式投信を開始したが、そのほとんどは南ア企業への投資である。2008年3月パリで、BNPパリバ銀行で

インタビューを行ったが、日本のようなアフリカに特化した投信は発行していなかった。

約30の新興市場国・地域の中で、極東アジア諸国を除くとAランクの国は少ない。南アは、発展段階の高いチェコやポーランドと並ぶ高い評価を受けている。

上述のシニア・アナリストは、格付投資情報センターに加えて、欧米の格付会社の内情をよく知っており、いかに国際的な格付が新興市場国の資金調達に大きな影響を及ぼすかが理解できる。

7）金融商品

G20サミットの成果が画期的なのは、すべての金融商品が監督・監視・規制の対象となったことである。外国為替市場を例に説明すると、取引の種類ないし金融商品としては、以下が代表的なものである。

① 直物取引：契約後2営業日以内に受け渡し
② 先物取引：2営業日を越える受け渡し
③ SWAP：直物取引と先物取引の組み合わせ
④ OPTION：売買を行使する権利の売買。損失の保険をかけられる。
⑤ 金融派生商品（DERIVATIVE）

金融派生商品は上記のヘッジファンドが駆使した金融商品であり、具体的には通貨オプション、金利スワップ、通貨先物などがある。その特徴を述べると、まず原資産でなく、派生した金融資産の取引である。次に、取引所取引より店頭取引（over-the-counter：OTC）が多い。

デリバティブ市場が成長した理由としては、以下が挙げられる。

① リスク・ヘッジの手段である。
② レバレッジ（leverage、てこ）効果で、少ない取引で規模の大きな取引ができる（10倍まで可能）。
③ オフ・バランス（簿外）取引である。

8）監督の体制

すでに述べたように、ヘッジファンドを代表とする金融機関がリスクを十分に把握しないで投資してバブルになったのを十分に監督・規制する体制がなかった。そこで、G20 サミットでは、まず各国の国内の監督体制としては、財務省や金融担当庁を中心とした監督体制の一元化が求められることとなった。イギリスは FSA を設立して体制の整備はなされている。日本もおくればせながら、イギリスと同じく金融行政を一元的に扱う金融庁が内閣府の中に設けられている。

それに対して、アメリカやフランスなどは分権的な体制となっており、金融部門ないし金融市場を鳥瞰して必要な政策を迅速に行う体制となっていない[11]。よって、これらの国々の体制が今後どうなっていくのか注視しなければならない。

筆者が2009年2月にパリで会ったパリ大学の金融専門家によれば、フランスにおいて金融行政を一元化する動きはないとのことであった。

次に、国際的な監督体制について述べる。IMF については、次の第5章で詳説するので、ここではその基本的な役割を中心に論じて、他の関連機関との連携のあり方について説明する。

中心課題は、IMF と金融安定フォーラム（Financial Stability Forum: FSF）との関係である。IMF はアメリカのワシントン D.C. に所在するが、FSF はスイス、バーゼルの国際機関、国際決済銀行（Bank for International Settlements:BIS）の中に 1999 年に設けられている。元 IMF 筆頭副専務理事のフィッシャーが明言しているように、アジア通貨危機で IMF が集中砲火を浴びる中で、IMF が中心となって国際金融問題を解決できないとの認識に立って、意見交換をする場として設立されたものである。

こうしたことから、アメリカの IMF 改革のオピニオン・リーダーの TRUMAN は国際金融改革について提案する際にまったく FSF に触れてきていない。元 IMF 筆頭副専務理事のフィッシャーは、IMF 改革に関わる会合の中で、FSF で議論するようにしたのは「ミステイクだった」と述べている。彼の立場は IMF こそが国際金融監督の中心となるべきだということだろう。

FSFは各国の金融関係者が各担当省庁から来て議論している。総合的に情報が得られるというメリットの一方、各国の統一した政策見解が得られないという批判がある。効果的な対策を打出せないという問題である。

　また、各国における金融市場の監督・規制は当該行政担当局が中心に行うこととなる。この行政当局としては、財務省など政府機関と、イギリスや日本の金融担当庁からなる。ブラウン首相は第1回G20金融サミットから、監督者カレッジ（College of supervisors）を提案している。これは、金融機関が国をまたがって行動しているので、各国の監督者をグループ化して意見交換や必要な対策の検討を行うというものである。

　そして、5章で説明するが、かれは、「早期警戒システム」（Early Warning System: EWS）の主唱者であり、危機を事前に予知するシステムを整備することを提案している。

　ところが、トロント大学のスタッフによる第3章2.（3）の表で示した、第1回G20サミットの期待される成果としては、国際金融の監督としてFSFの役割がかなり大きい。そして、第1回サミットの直前にIMF専務理事とFSFトップの連名で書かれたレターでこのような役割分担が明記されている。そこに書かれたFSFの役割は、各国の金融政策の調整を中心的に行うことであり、その遂行は各国の行政当局に委ねられるということになっている。

　結局、第2回G20サミットの提案では、FSFが金融安定委員会（Financial Stability Board: FSB）に改組され、イギリスのブラウン首相が推す監督者カレッジとEWSなどの主担当はFSBになっている。IMFの場合、マクロ水準の監視で補完するのが中心である。

9）G20提案への批判

　第2回G20サミットの提案はおおむね良い評価を得ている。批判的なコメントの多くは、具体的な施策段階で困難に直面するのではないかということである。総論としては合意してはいるものの、既得権益を守りたいし、金融部門に大きく依存しているイギリスやアメリカは規制があまり厳しくならないのを望むのに対して、フランスやドイツが強い規制を望んでいるからである。

また、あまり報道されていないが、中国やインドなど新興国の多くは、IMF・世界銀行を介した過去の英米の政策介入（経済・金融自由化）にアレルギーを持っている。そこで、これらの国際機関の権限が強まり自国政策に介入されるのを嫌うだろう。今後フランスやドイツの立場に立って金融機関の規制強化の立場をとるだろうが、一方各国の行政当局の政策に対する介入には反対するだろう。

　ここで、第1回サミット後に出されたフリーワールドアカデミーの評価と提案〈2009年2月4日現在〉を見てみよう。第1回サミットの提案も金融改革にかなり踏み込んだものであり、同アカデミーの評価は高い。

　興味深いのはCOLLEGEに関する以下の提案である。つまり、50の主要銀行に対してひとつの監督者（A SINGLE SUPERVISOR）体制として、IMFのモニタリングのもとに、現行の組織のコンソーシアムを通した単一のタスクフォース（UNIQUE TASK FORCE）を設ける。このタスクフォースは、それぞれの銀行ごとにCONTROLLERを指名する。CONTROLLERは調査権限を持ち、銀行の理事会や取締役の決定に拒否権を行使できる。

　そして、2009年3月末までのアクションとして、SUPERVISORSは、多国籍の金融機関に対してCOLLEGEを樹立すること、銀行はCOLLEGEと定期的に協議すること、を提案している。

　G20サミットのこれまでの提案では、ここまでの権限を与えていないので、今後の具体策の検討の際に注目するべき提案である。

（4）　開発金融機関の改革

1）はじめに

　本項では、G20の政策課題として開発金融機関の改革を取り上げるが、世界銀行を中心に解説する。

　世界銀行は5つの機関のグループからなる。中心の機関は、1946年に正式開業した国際復興開発銀行（International Bank for Reconstruction and Development: IBRD）であり、開発事業に対し比較的高い利率の長期融資を行なう。

これに対して、低所得国向けに無利子の融資を供与するのが国際開発協会 (International Development Association: IDA) である（第2世銀と呼ばれる）。1960年に業務を開始した。IDAは別の機関があるわけではなく、相手国によって融資担当者がIBRD融資にするかIDA融資にするか決める。

以下では、途上国の構造調整により関与する国際復興開発銀行と国際開発協会について、説明していく。特に、指定しない限り、「世界銀行・世銀」は両機関を指す。

2）世界銀行の業務

世界銀行は、中所得国および低所得国に対して融資および分析・助言サービスなどの非融資業務を提供し、持続可能な開発を推進することで、これらの国の貧困を削減することを目指している。

世銀の融資の主な対象は、途上国などで実施される開発のための事業（プロジェクト）やプログラムである。その他に、人災や天災からの復興のための融資も行われる。IMFがマクロ経済安定のために国際収支支援を行うのに対して、世銀の融資先はセクター、サブセクター（小部門や産業）、そしてプロジェクト（個別事業）である。ただし、構造調整融資などマクロ支援の融資もある。

IMF融資と同様に、世界銀行の融資には政策条件（コンディショナリティ）がつく。分析・助言サービスなどの非融資業務として、経済自由化ないし構造調整・改革に関わる多くの政策アドバイスを行ってきた。

戦災からの復興を目指した日本は1952年にIMF・世界銀行への加盟を認められた。そして、日本への世銀融資第1号は、1953年10月15日に貸付が調印された、関西電力に対する多奈川火力二基に対するものであった。その後融資が増え、日本の大戦後の経済復興に大きな役割を果たした[12]。

3）世界銀行の機構

世銀における投票権もIMFと同様に、出資金により決まっている。2006年4月現在では以下のようであった。米国で16.84%、日本8.07%、ドイツ4.60%、フランスと英国がそれぞれ4.41%である。

世銀の最高意思決定機関は総務会（Board of Governors）である。理事会（Boards of Directors）は加盟国を代表する24名の理事で構成されている。このうち5名は、日本を含む5大融資国からの任命理事、19名は選任理事である[13]。日本は、1952年にIBRDに加盟した。

　世銀の業務遂行のトップの総裁は、これまでアメリカ人と決まっていた。IMFトップの専務理事は西欧諸国からというのとセットであった。前総裁であるウォルフォウィッツは、2005年6月1日就任である。その前はブッシュ政権の国防副長官であり、イラク開戦に導いたネオコンの代表的な論客として知られていた。2007年にスキャンダルで引責辞任した。以前は、ベトナム戦争時の国防長官だったマクナマラが世銀総裁となったことがある。

　そして、米国人のロバート・B・ゼーリック（Zoellick）が2007年7月1日付で第11代世銀総裁に就任し、5年間の任期を務めることになった。ゼーリックの前職はゴールドマン・サックス（インターナショナル）証券の副会長であり、2005～2006年には米国務省副長官を務めた。かれのように、これまでアメリカの主要金融機関のトップが総裁に就任してきたケースが多い。

　職員については、財政や金融を含むマクロ面でのエコノミストだけが所属するIMFと違って、世界銀行はセクターやプロジェクトを推進する多くの専門職員と専門家を抱えている。技術に精通した専門家に加えて、セクター水準以下のエコノミストもいるが、IMFエコノミストに匹敵するカントリー・エコノミストが全体的な業務の推進や調整を行う。

4）融資実績

　IMFの融資手段としては、投融資（investment loan）と、構造調整支援の調整融資（adjustment loan: AL）に大別できた。前者が5～10年、後者が1～3年を対象としていた。ALは2004年に開発政策融資（Development Policy Lending: DPL）に代替された。

　世界銀行のIBRD融資の原資は、資本市場からの借入、加盟国からの出資金、留保利益、IBRD貸付金の回収で賄われ、そのうち資本市場での借入が最大の資金源となっている。資本市場において低利で資金を調達し、借入国に緩やか

な条件で融資を提供する。

世銀は債券を発行することにより、日本でも証券会社を介して資金調達している。レーティングは常に最上位のトリプルAである。

IDAは途上国のなかでも特に貧しい国々を支援するため、1960年に設立された。IDA加盟国の拠出金を原資としている。

全般的な融資実績については、1980～2000年の期間において、件数では投融資が2,000件以上であるのに対して、（構造）調整融資は300件以下である。しかし、1980年代に比べて、90年代において調整融資の数が増えている。金額でみると、絶対額では投融資が多いが、90年代においては調整融資の比重が高まっている。

その後については、2004～2006年に関して、IBRD融資総額（コミットメント・ベース）が110億ドルから140億ドルに増加しているが、そのうち調整融資（AL）の後継として2004年に導入された開発政策融資（DPL）は45億ドルから50億ドルに増加している[14]。

5）G20の提案

世界銀行の改革は、IMFの改革との関連で理解される。G20においては、民間金融機関に関わる国際金融制度が大きなテーマになっているので、IMFの比重がかなり大きい。ただし、同じブレトンウッズ協定で設立され、機構が同じであることから、世界銀行の機構改革が提案された。

機構に関わる提案内容は、IMF改革と同じで、出資金によって投票権が決められて、アメリカや西欧諸国の影響が大きい状況を変えようというものである。具体的には、投票権を決めるクォータ（割当額）の比率を、先進工業国の分から新興市場国や途上国へ移転することである。第2次世界大戦後今日にいたる経済力の変化に対応させようというものである。すでに世銀の側で決まっているが、発言権と代表権改革を予定通り2010年春までに合意することがG20声明で期待された。

また、過去において、IMFと同じくアメリカなどの国によって世界銀行の融資に付随する政策条件に影響力を行使されて、経済全般の自由化が被融資国

（途上国）に強制された。対象分野は、貿易、国内産業の農業や製造業などに加えて、金融部門も含まれた。21世紀になって、政策条件の改革は行われたが、引き続きその方向で進めることが望まれている。

最後に、上記では世界銀行だけを取り上げたが、アジア開発銀行について融資可能額を2倍にすることが決まった。同銀行の出資額トップは日本であり、総裁は常に日本人から選ばれることになっている。

世界銀行と、アジア開発銀行など世界の各地域の開発金融機関全体について、融資総額を1,000億ドル増加することが決められた。困難に直面する途上国や新興市場国への支援の表明である。また、貿易金融支援が1,000億ドルから2,500億ドルへ増額されたが、一部はこれらの国際開発金融機関も供与する。日本は、世界銀行とアジア開発銀行に対する多額の資金協力を行っている。

そして、すべての開発金融機関の長及び幹部の選出が透明性をもって実施され、実力本位で選出されべきであるとの提案がなされた。

（5）貿　易
1）貿易政策の変遷

IMFと世界銀行は、構造調整計画（SAP）下で、途上地域において各国ベースでまず貿易の自由化を進めた。投融資の自由化はむしろその後である。国際収支赤字、対外債務返済不能など経済・金融危機に陥った途上国や今日の新興市場国がこれらの機関に融資を仰いだのであるが、その条件として構造改革ないし構造調整が強制されたのである。直接的には国際収支の問題であるので、貿易の自由化がまずもって取りかかられたのである。

具体的な処方箋は、それまでの政府の介入による輸出や輸入の抑制（許認可制や価格規制）の削減ないし撤廃である。しかも、悪化する経済を立て直すため、もっと直接的には対外債務返済能力を早急に復活させるために、荒療治的な政策遂行が、短い時間で急激に行われた。

以上は両機関と被融資国の相対の関係であるが、他方「関税および貿易に関する一般協定」（General Agreement on Tariffs and Trade: GATT）（1948年発足）が第2次世界大戦後貿易自由化を世界規模で進めていた。東京ラウンド、

ウルグアイ・ラウンドなどの関税一括交渉を行ってきた。そして、GATT が改組・発展して 1995 年に世界貿易機関が発足した。

今日の国際経済体制を考える場合に、1944 年のブレトンウッズ協定によって設立された IMF と世界銀行に加えて世界貿易機関 (World Trade Organization: WTO) の存在が重要なのである。「IMF は金融、世銀は開発、そして WTO は貿易」という役割分担、トロイカ体制である。

GATT との違いは、財の貿易のみならず、サービス貿易、知的所有権、貿易関連投資措置などへの分野拡大、その他の付随サービスを対象としていることである。また、貿易を巡る国際的訴訟の申し立てを受け入れ、審判を下す。

役割分担については、SAP の枠組みで個々の途上国の貿易自由化を進める IMF・世界銀行に対して、WTO は世界規模での貿易自由化を全加盟国が共同で実施し、より自由な貿易体制を監視する。

一方、WTO に加盟するために対外的な取引制度や国内経済構造の改革が求められているが、IMF・世界銀行が強制した広範な自由化や民営化が今日の途上国に課されている。中国など IMF・世銀の経済全般にわたる政策条件を受けてこなかった国々も、両機関が多くの途上国に課してきた政策を遵守することが求められたのである。

このように、世界規模での自由化は WTO の場で討議されてきたが、IMF は途上国に対してのみ政策を勧告するのではなく、その設立の趣旨から、1980 年代の構造調整実施の過程でも米国や欧州諸国の保護主義に対する反対を表明してきている。例えば、ブッシュ政権下の農産物に対する保護に対しても反対の立場をとってきている。問題は、IMF の政策提言は強制力がないために、それがアメリカに取り上げられることなく改善が示されなかったということである。

最後に、WTO の近年の活動の進捗をみると、新しい貿易自由化交渉であるドーハ・ラウンドは 2001 年 11 月にカタールのドーハにおける閣僚級会議で開始された。本来は、1999 年 12 月にシアトルで開かれた会議で新しいラウンドを開始する予定であったが、1994 年に合意されたウルグアイ・ラウンドで積み残された農産物輸出などの進め方で合意が得られず、2001 年まで持ち越し

たのである。シアトルの会議では反自由貿易の活動家が多数終結し、反グローバル化の大きな騒乱が起こった初めての会議となった。

ドーハ・ラウンドの当初の予定では、2005年12月に香港で開かれるWTO閣僚会議で自由化方式の枠組みの合意を目指していたが、その後交渉が難航してきている。最近も目立った進展はない。実質的には、アメリカ、EUに対して、途上国・新興国を代表するインド、ブラジルの厳しい交渉が繰り広げられてきた。

ドーハ・ラウンドの交渉がうまく進まない理由としては、IMF指導により比較的自由化の進んだ途上国の側が、農産物を中心に自由化が進んでいない先進工業国に譲歩を求めるという対立があることが挙げられる。また、それまでの長期にわたる先進国主導のGATT交渉への反発から、交渉の主導権を巡る争いもあるようである。

さらに、IMFが個別の途上国に貿易の自由化を課した結果、多くの国で貿易自由化が進んだが、自由化が国内レベル、世界レベルで貧困格差を拡大させるのではないかという議論が強くなっている。

このように、IMF・世銀と、WTO交渉における先進国に対する反対は、交渉の当事者である政府機関のみならず、NGOなど関係者の間で根強いものがある。

2）G20における提案

1930年代の大恐慌時に、各国が保護主義に走った経験を教訓として、第1回G20サミットではそうしない決意が表明された。ところが、世界銀行の報告によれば、アメリカやフランスを含むG20の国々のうち17か国が保護政策を採った。幸いに、WTOのラミー事務局長の報告では、保護の程度が大きい措置は採られなかったが。

そこで、第2回会合では改めて自由貿易主義の堅持が表明され、保護政策を採らない期間を2010年まで延長した。より画期的なのは国際機関が保護貿易政策の実施を監視することとなった。監視した結果は、次回のG20サミットで報告されるのである。

また、今日貿易の90％が先進工業国などが供与する貿易信用によることから、2,500億ドルもの貿易信用が供与されることが決まった。第1回サミットの1,000億ドルからの大幅な積み上げである。

さらに、ドーハ・ラウンドの妥結へのコミットメントが表明された。

3．第2回G20金融サミット後の展開

本節では、G20サミットの提案を全体的に見て、第2回会議後の展開を検証する。

（1）経　過

2009年4月1～2日のG20金融サミット後、4月24日にG7の会議が開催された。4月1～2日にG20サミットが開催された大きな理由は、通常G7の会議とセットで開催される一連の経済・金融関係者の会議が4月に開催されるからである。その経済・金融関係者の会議とは、IMFと世界銀行が合同で開催する春季総会（spring meeting）である。

秋に開催されるのが年に1回同じく共同で開催される年次総会（annual meeting）である。毎年春と秋に1回ずつ開催される。通常、主要7か国財務大臣・中央銀行総裁会議（G7）とセットで開かれる。G7は土曜日と日曜日に開催されるが、春季総会や年次総会は同じ週に開催される。

春季総会や年次総会では、マクロ経済・金融関係を扱う国際通貨金融委員会（IMFC）と、途上国の開発問題を扱う開発委員会も開催される。前者は、IMF主催の会議で、世界及び各国のマクロ経済や金融に関してアドバイスを行っている。IMFと世銀の最高意思決定機関である総務会が共同で開催する合同開発委員会は、途上国の開発問題に関して両機関の総務にアドバイスを行う。

2009年4月の春季総会のスケジュールであるが、4月24日（金）にG7の会議が開催されているが、IMFCが25日に開催され、26日に開発委員会が開かれている。その週の初めから一連の経済・金融会議が開催され、4月21日

に『国際金融安定性報告書』(GFSR)、22日に『世界経済見通し』(WEO)の記者会見が開催されている[15]。

　重要なことは、IMF・世銀の活動が、G7などの方針へのインプットとして、あるいはG7会議をインプットとしての具体化として位置付けられることである。また、G7の方針の具体策を練る場としてIMFCと開発委員会があるのである。当然のことながら、G7に参加する財務大臣と中央銀行総裁は両方に出席しているのである。

　そして、通常G7の方針は、先進8か国が出席する主要国首脳会議(サミット)でより公式に決定され、世界に向けて発表される。

　したがって、9月に第3回G20サミットが開催されるのは、10月6〜7日のIMF・世界銀行の年次総会とG7につなげるためである。

　以下に、これらの会議の成果を検討する。

(2) G7

　G20の提案は、4月24日のG7声明でも確認された。また、G7開催時にG7以外のG20の国の財務大臣・中央銀行総裁を加えた拡大会議も開催された。内容に新味がなく、G7の存在意義が再度問われることとなった。

　第1回会議で日本は唯一IMFへの1,000億ドルの融資を表明したが、これはイギリスとの相談の上であった。この貢献は、G20サミットに引き続いて評価された。

(3) 国際通貨金融委員会 (IMFC)

　4月1〜2日の第2回G20サミットの後をうけて、4月25日に開催されたIMFのIMFC後の記者会見で、サミットの要点とその後の重点分野がわかる。IMF専務理事の説明はIMFが関わる通貨・金融に関するものであるが、マクロ経済全般、IMF自身の改革を含んでいる。かれの発表の要点は以下の通りである。

　① 金融緩和の継続、例えば低金利政策を続けるべきである。
　② 財政政策の実施も必要。

③　金融市場の監視をしっかり行い、「システミック（systemic）危機」（連鎖倒産）を防止する。
④　各国の景気刺激策の監視を IMF が行う。
⑤　SDR は 1981 年以降創出していないが、今回の決議を受けて実施に向けて準備する。
⑥　低所得国向け融資の確保を行う。
⑦　金融市場の脆弱性（vulnerabilities）の分析を進める。
⑧　クォータとボイスの改革を進めるにあたって、新しい算出式（フォーミュラ）を考案していく（次章の IMF 改革で詳述）。

IMF 専務理事の次に報告した GALI はエジプト人で、途上国出身者として初めて IMFC の議長をつとめている。かれは改革推進派とされる。かれも、IMF の世界経済見通しと同じく、回復のサインがあるものの、さらなる下降のリスクも大きいと述べている。本格的な景気の回復は来年末以降ということである。

（4）　開発委員会

4 月 26 日開催の開発委員会は IMF と世界銀行の共同で開催されて、途上国の開発問題を議論する。まず絶対貧困層の 1990 年の水準を 2015 年までに半減させるという目標が難しくなったとの認識が示された。

そうしたことから、上述の貿易信用の大幅な上乗せ（2,500 億ドルへ）が発表され、最貧国に対する 500 億ドルの支援が表明された。

世界銀行の融資増加について、世銀総裁は、現行では資本面は強固であるが、秋までに財務の再点検を行って将来の融資が可能かどうか決めると、述べている。

（5）　その他の機関

世界の 300 の銀行、ヘッジファンドなどで構成される国際金融研究所（Institute of International Finance: IIF）は、第 2 回 G20 金融サミットの結果を評価しているが、約束を迅速に実現すべきであるとコメントしている[16]。具体的な批判点は以下である。

① IMF の財源の増加が実際に実現するのか、財源増加の一部はすでに約束されたもので、新しい増加額は小さい。
② IMF の金融システムのモニタリングに民間の参画が必要である。
③ 世界経済の不均衡であるアメリカの経常赤字と中国の経常黒字に対して、IMF はしっかりした批判を行うべきである。

文献・注
1) 長期は資源配分の効率化、持続的成長、所得分配の公正化が挙げられる。もちろん、短期の目標に挙がっているものも構造的な問題により生じていることがあり、長期の目標に入るものもある。しかし、その場合短期の目標は長期の目標の小（サブ）目標として長期の目標に含まれているとみなすことができる。例えば、景気循環による失業の問題は短期の課題であるが、増大する若年層の雇用ということになると、長期の目標である持続的成長や所得分配と関わってくる。
2) 国内の過大な信用創造、とりわけ政府赤字の補填が、銀行部門からの借り入れという形で、国際収支赤字の最大の問題となるである。そこで、政策論としては、政府支出の抑制が最も重要な政策となる。
3) 1ドル=100円が90円になると、ドル建ての輸入品の価格が円に換算すると安くなり、輸入量が増えることが期待される。
4) VIDEO と TRANSCRIPT の入手は、本書巻末の付録を参照。
5) we can be fairly confident that in 2010 or even in 2011, economies will not be back to normal--in terms of level--which means that governments should today think at least about contingent plans for infrastructure spending or investment spending such that if things really turn out to be bad, they are ready to implement them, being able to act fairly quickly, and I think that's something that they have to think about today, not wait until next year to see whether there is a need. Next year will be too late.
出所は、以下。
Transcript of a Press Conference on the International Monetary Fund's World Economic Outlook
By Olivier Blanchard, Economic Counsellor and Director of Research
With Charles Collyns, Deputy Director of Research, and
Jorg Decressin, Chief of the IMF's World Economic Studies Division
Wednesday, April 22, 2009, Washington, DC
http://www.imf.org/external/np/tr/2009/tr0
6) IFIs (International Financial Institutions) という用語も使われる。IFIs は広義にはアジア開発銀行などを含むが、欧米の識者の文献では最も影響力のある両機関だけを

第 4 章 歴史的合意（G20 ロンドン・サミット）

指すことが多い。
7) G7 は IMF・世銀年次総会などとのセット以外を含めて、年間で他に 1 ～ 2 回程度開催される。会議場所は、多くの場合ワシントン D.C. で開催される。
8) 白川現総裁の就任を巡っても、民主党などの反対で財務省出身の候補者が却下される事態が起きた。
9) 第 2 回 G20 金融サミット直後の記者会見。
10) ムーディーズ社については、信用力が最も高く Aaa から、格付けが低い C までの評価基準がある。
11) 米国規制に関わる機関は以下である。
    Federal Reserve System
    Department of the Treasury
    Securities and Exchange Commission
    Federal Deposit Insurance Corporation
    Commodities Futures Trading Commission
    National Credit Union Administration
    出所：COUNCIL ON FOREIGN RELATIONS
    http://www.cfr.org/publication/17417/us_financial_regulatory_system.html
    The U.S. Financial Regulatory System
    Author: Lee Hudson Teslik, Associate Editor
    October 2, 2008
12) 主な融資案件は、東京・大阪間の新幹線、東名高速道路、黒部第四ダム等のインフラからトヨタの工作機械購入など多くの産業まで、幅広い分野に世界銀行の融資が供与された。1953 年～1966 年の間に世界銀行が日本に対して行った貸付は 31 件、合計 8 億 6,200 万ドルであった。そして、1990 年 7 月に借款を完済した。それまでは日本は発展途上国であった。
    新幹線への融資については、1961 年 5 月 1 日、世界銀行は東海道新幹線の建設プロジェクト（総工費 3,800 億円）に対し、8,000 万ドルの融資（ローン 0281、約 288 億円）を承認した。そして、同融資は、日本国有鉄道に対して 1961 年 11 月 29 日に調印された。建設は 1959 年に起工されており、東京オリンピックが行われた 1964 年に開通した。
13) 世銀東京事務所ホームページ（2007 年 2 月 16 日）
14) 世銀『年次報告』2006 年版。
15) 2008 年秋のスケジュールについては、10 月 13 日に年次総会が開催されているが、一連の会議が 10 月 8 日から 13 日にかけて開かれている。10 月 19 日に先進 7 カ国財務大臣・中央銀行総裁（G7）の会議が、同じくワシントン D.C. で開催されている。
16) Braithwaitein, T. (2009), IMF needs overhaul say global banks, Financial Times, (FT.com), 13 April. 4 月 15 日閲覧。

第5章

国際通貨基金（IMF）の改革

　前章で国際金融制度改革を説明したが、G20会議の最大の成果の1つであるIMFの改革を本章で独立に扱う。本章の構成としては、まずIMFの業務の変遷を検証し、その後にIMF改革の提案の全体像、主要分野（機構改革、サーベイランス、融資制度）を分析していく。

1．IMFの業務の変遷

（1）　歴史と現状の検証
1）IMFの業務

　国際通貨基金（IMF）は世界および途上国・新興市場国のマクロ経済や金融問題を扱う最も権威ある機関である。IMFは1944年のブレトンウッズ協定により世界銀行と一緒に設立され、1947年に金融業務を開始した。アメリカの首都に位置するこの国際機関の任務は、加盟国の通貨の安定と国際収支を中心とするマクロ経済の安定を図ることである。IMFは「通貨の番人」と言われ、世界と加盟各国の経済安定のためのサーベイランス（政策監視）と国際収支支援のための融資供与を行う。

　IMFには世界中のほとんどの国が加盟しており、加盟国の出資金を融通しあって各加盟国の国際収支赤字などマクロ経済不安定回避のための融資を行う。出資金はクォータ（割当額）と言われ、それに基づいて国際収支や通貨の安定

のために引き出せる外貨の額が決められる。

　IMF の管理・運営システムであるが、一国一票の国連と違って、経済的に豊かな先進国主導で運営が行われており、この点でも世界銀行と同じである。また、アメリカなどの意向が融資する際の政策条件に反映され、被融資国に対して経済や金融の自由化が強制された。IMF を通して今日の金融自由化が実現し、世界規模で先進国を中心とする投資家が新興市場国や途上国に投融資を行うようになったのである。また、すでに述べたように、途上国の中から経済的に成功し、またその経済及び金融市場を海外に開くことによって、世界の投資家が注目する新興市場国・経済が現れたが、その出現に大きく貢献したのは IMF であった。

　今日、世界銀行と異なる点は、IMF は先進工業国に融資することはほとんどないが、政策アドバイスをする任務があり、先進工業国にもミッションを派遣して討議を行う。IMF 4 条（ARTICLE Ⅳ）に関する業務である。日本は 2009 年 5 月に IMF ミッションを受け入れて政策協議を行った。アメリカは 2008 年に IMF と政策協議を行い、中国も 2009 年に協議を行った。

　また、常時先進工業国に対しても政策提言を発表する。たとえば、IMF が日本経済について分析結果の公表や声明を行う。日本経済のデフレに関して、IMF がしばしば政策提言を行い、日本側関係機関が反論するといったことがあった。以上のように、IMF は国際機関の中でもプレステージの高い機関であると言える。

　他の国際機関との役割分担となると、IMF は国際金融、マクロ経済を担当し、世銀は教育や経済インフラなどの開発を扱う。国際貿易について世界貿易機関（WTO）が世界規模での貿易自由化を推進する役割を努める。一国レベルの貿易自由化は IMF が推進する。

2）IMF の組織

　先述のように、IMF の業務のベースは加盟国のクォータ（割当額）であり、直接的には国際収支困難時に融資を受けることができるが、より重要なことはクォータの大きい米欧諸国の政策が IMF の業務に大きく影響を与えてきたと

いうことである。

　IMFにおける投票権はクォータにより決まっており、表5-1が2009年の国別比率である。欧州をまとめると40.30％になり、アメリカと併せて欧米偏重の布陣となっている。

　ここに挙がっている国が理事会の24か国であり、IMFマネジメントと一緒に実質的な業務の切り盛りをする。任命理事以外は、代理（国）がおり、それぞれ多くの国を代表している。単独で代表になっているのは、中国、サウジアラビア、ロシアである[1]。

　多くの識者や途上国が批判するように、IMFは先進工業国に牛耳られているのである。

　アジア経済の比重の増大を背景に、また欧米主導の政策運営への対抗上、アジアの比重の増大が求められて、中国など4か国の比率上昇が2006年9月に合意された。

　IMFの最高意思決定機関は総務会（Board of Governors）であり、各加盟国につき1名の総務（Governor）と同1名の代理（Alternate Governor）で構成されている。総務と代理は加盟国の財務大臣または中央銀行総裁となっている。総務会は、年1回の総会の際に開催される。

　総務会に重要な政策事項について勧告を行うのが、1974年設置のIMFの暫定委員会（Interim Committee）であったが、1999年以降は格上げされた国際通貨金融委員会（International Monetary and Financial Committee: IMFC）となった。この委員会の会議は毎年春と秋（年次総会時）に開かれるが、多くの場合G7の会議の後に開催される。G7の会議の方針とリンクされている。

　年次総会を除く期間については、ワシントン本部のIMF理事会（Executive Board）が毎週会合を開く。理事会の意思決定は、採決でなく、コンセンサス方式をとっている。日本は理事に選出されている。

　また、IMFと世銀の最高意思決定機関である総務会が共同で開催する合同開発委員会がある。任務は、途上国の開発問題に関して両機関の総務にアドバイスを行うことである。

　IMFと世界銀行の合同の春季総会と年次総会は、毎年春と秋に1回ずつ開

催される。G7を中心とした一連の国際経済・金融・開発の会議とセットで開かれる。アメリカなど主要先進工業国が支援するIMF・世銀は、世界経済を取り仕切る存在である。

　第3回G20金融サミットが2009年9月に開催されるのは、10月に開催されるIMFと世界銀行の年次総会とリンクさせるためである。具体例として、2008年10月の両機関の年次総会のスケジュールを説明すると、年次総会開始の10月20日より前、その前座は10月15日から始まっている。

　この機会に、重要な文書の公開と記者会見が行われ、両機関の関係者の討論が行われてトップを含む記者会見が開催される。世界の主要国の経済、金融、開発面のリーダー達が結集しているということがわかる。各国から財務大臣と中央銀行総裁、そしてこれら機関の高官が来ており、その他NGOなど民間団体や学識経験者が参集する。

　実際に業務を遂行するマネジメントとスタッフについては、IMFの業務上の実質的なトップは専務理事（Managing Director）であり、理事会によって任命され、理事会の議長をつとめる。専務理事は、歴代ヨーロッパから選ばれる。世銀総裁はアメリカ人というのとのセットである。比較的フランス人が多かったが、2000年から2004年までの専務理事はドイツ人のケラー氏であった。EUの推薦者の第1候補もドイツ人であったが、アメリカ側の拒否にあった。ケラー氏にもアメリカは不満だったと言われる。このように、以前はアメリカと西欧の有力国の間で、IMFと世界銀行の総裁は決められた。

　ケラー氏がドイツの大統領になったのを受けて、2004年7月からスペイン人、ロドリゴ・デ・ラト（Rodrigo de Rato）が専務理事となっている。かれは着任前、スペインの経済担当副首相兼財務大臣であった。しかし、かれは私的理由で5年の任期半ばで退任することになり、またしてもフランス人である元蔵相ストロスカーン（Strauss-Kahn）が2007年11月1日に着任した。

　副専務理事は3人いる。筆頭副専務理事はアメリカ人、2人の副専務理事は日本人と他の地域の人間である。2001年まで高名なフィッシャー教授が筆頭副専務理事であったが、同じく有名なアンヌ・クルーガー教授が代わった。その後、JPモルガン投資銀行の副チェアマンであったLipskyが任に当たってい

表5−1　投票権の国別比率
（2009年5月21日現在）

理事国	比率(%)
（任命理事国）	
アメリカ	16.77
日本	6.02
ドイツ	5.88
フランス	4.86
イギリス	4.86
ベルギー	5.14
オランダ	4.78
スペイン	4.45
イタリア	4.10
中国	3.66
カナダ	3.64
タイ	3.52
韓国	3.44
スウェーデン	3.44
エジプト	3.20
サウジアラビア	3.16
シエラレオネ	3.01
スイス	2.79
ロシア	2.69
イラン	2.42
ブラジル	2.42
インド	2.35
アルゼンチン	1.96
ルワンダ	1.35
総　　計	99.91
欧州合計	40.3

出所：IMFホームページ。

る。日本は出資金がアメリカに次いで多く、日本人副専務理事がいるのは日本の貢献を反映するものであろう。

　もう一人の副専務理事は、2006年12月より、ブラジル政府財務省次官（Deputy Minister）であったMurio Portugalである。その前は、メキシコ人やチリ人の学者であった。以前は、西アフリカのコートジボアールの元財務大臣ワッタラ氏であった。コートジボアールは旧フランス領で、ワッタラ氏の婦人はフランス人。当時の専務理事は元フランス財務省高官のカムドゥシュ氏であった。同氏は、1987年から2000年までの長期の在任であった。

　フランス人が多いのは、非英語圏の代表ということもあろう。ちなみに、現時点のWTOの事務局長のラミーもフランス人である。

3)　IMFの過去の成果

　1980年代からのIMFの活動をまとめると、以下のようになり、その中でIMF改革は多くの識者によって強く提案されてきた。

1980〜1996年

　IMF業務の細部までアメリカを中心とする先進工業国主導で運営され、融資の条件として広範な経済自由化、機構改革が課された。ラテン・アメリカ、アフリカなど多くの途上国が債務危機を打開するために融資を要請するが、その政策条件（コンディショナリティ）として構造改革の実施が強制されたのである。まず国内政策への介入に対する根本的な反発、急速かつ広範な自由化に対する懐疑から、IMFと各被融資国との間で厳しい対立があった。しかし、

英米を中心とした西側の国々はその批判を押し切って、世界規模の自由化、グローバル化を実現した。

1997〜1998年のアジア金融危機とその後

アジア金融危機の対応を巡って厳しい批判を受ける。上記で述べたが、当該の被融資国も国内政策への介入、急速かつ広範な自由化に関して、IMFと厳しい対立があった。政策関係者のみならず多くの識者から、IMFの処方箋に疑義が出された。

アジア金融危機の批判に対応してIMFが改革を行うが、この間多くの識者から抜本的な改革の提案が出されてきた。

2000年以降、今回の危機まで

新興市場経済国や途上国の経済が回復し、金融危機も回避されて、IMFの融資が急減した。理由は、被融資国は政策条件がつくIMF融資でなく民間市場からの資金調達を行うことが可能となった。IMFによる国内政策への介入にはアレルギーがあるのである。また、アメリカを中心とする先進工業国もIMFの資金基盤の強化に熱心でなく、資金的な支援を行わなかった。

(2) IMF改革の提案

上記の歴史的な背景で今日のG20の提案となるわけであるが、IMF改革は広範囲にわたる。主な分野は以下の3つである。機構改革、サーベイランス(主に危機の予防)、融資制度である。第2回G20サミットの提言の目玉は、融資制度であるが、総括的にはこの3つの順序であろう。すなわち、IMF自身の機構がまず決められ、次にはその政策として事前的措置、あるいは予防のサーベイランスがあり、最後に経済苦境に陥った際の事後的措置として融資制度がある。融資制度については、経済自由化などを強制する政策条件(コンディショナリティ)も関係する。

まずG20第2回会議のコミュニケを示し、その後に識者の提案を挙げて、IMF改革の全体を比較・検討する。

1) G20サミットの声明内容

全体しては、第1回G20金融サミットでIMF改革が重要な課題として取り

上げられて、第2回の同サミットではIMF改革が最大の成果となった。首脳声明は、それぞれ表3-2と表4-1に示した。また、表5-2にIMF改革に関わる国別提案（第1回G20サミット前後）を示した。

改革全体について第1回会議から第2回会議にかけて進展があったが、第2回会議での最大の成果はIMFの融資能力を強化するための財源を3倍にしたことである。当初の予想を上回るものであった。

以下がIMFに関わる分野毎の提案である。

機構改革：

クォータ、ボイス、代表度の見直しを行う。クォータについては、現行の経済状況を反映して、先進国優位のクォータに対して、新興市場国やその他途上国の比重を引き上げる。2011年1月までに見直しを完了する。どれほど抜本的に比率を変えるかは決められていない。

サーベイランス：

金融安定フォーラム（FSF）が金融安定理事会（FSB）に改組されるが、協働して早期警戒を実施する。

融資制度：

G20の提言の目玉は、融資制度であった。財源を2,500億ドルから7,500億ドルへと3倍にする。増加分は加盟国からの借り入れである。また、IMFの通貨単位、特別引出権（SDR）を2,500億ドル創出して、各国の準備資産とする。

2）識者の提案

① TRUMANの提案

IMF改革提案の代表的な文献として、Reforming the IMF for the 21st centuryがある。この著書はアメリカ国際問題研究所が2006年に刊行したものであるが、多くの識者がいろいろな角度からIMFの改革を論じている。例えば、IMFの機構改革だけで数人もの識者が寄稿している。

編者のTrumanは、元アメリカ財務省高官であり、同国におけるIMF改革のオピニオン・リーダーの一人である[2]。ここでは、G20との関連で、2009年

表5-2 IMF改革の国別提案

		アメリカ ブッシュ大統領	フランス サルコジ大統領	ドイツ メルケル首相	イギリス ブラウン首相
監督体制 IMFの権限、機構		現行のまま。IMFの強大化に反対。	すべての国の上に。米国の反対でIMF強化を棚上げ。	すべての国の上に。	すべての国の上に。新ブレトンウッズ機関設立を提唱。
職務範囲	グローバル	通貨を含む国際金融の監視と、マクロ・財政を含む調査のみ。			
金融危機の予防体制	当面	FSFと協働。右ブラウンのcollege of supervisorsに同意。	FSFと協働	FSFと協働	FSFと協働。FSF下でのcollege of national supervisorsを提唱。
	長期	FSFと協働	IMFに一本化	IMFに一本化	
規制の対象機関		より多く。ただし、すべてではない。例えば、特別目的会社は設立金融機関にまかせる。	すべて	すべて	
市場経済への考え方			anglo-saxon liberalizationを批判。	Social market economyを提唱。	
政府の介入		今回の危機で多く、ただし基本は少なく。	より多く	より多く	
国際金融・経済政策の枠組み	基本		G8ではなくG20ないしG14で	G8ではなくG20で	
	他の案			国連安全保障理事会に併設して経済理事会を設立。	

出所：筆者作成。

1月28日にウェブ上で、かれが発表した AN UNFINISHIED AGENDA を以下に説明する。

かれの小論は、正当性（legitimacy）、資源（resources）、妥当性（relevance）の3つに分かれる。筆者は、その分類をベースとしつつも、本書のIMF改革の分類にしたがって、以下では、正当性、妥当性、資源の順番で分析する。

正当性（legitimacy）　まずかれは、IMFが過去においてアメリカと西欧の道具（TOOL）であり、第2次世界大戦終了時のIMF誕生から少ししか改革されていないと明言している。具体的な提案は以下の通り。

執行部選出過程の改革（reforms of management selection process）：

執行部選出過程の改革として、IMFと世界銀行のトップの議決方式をクォータ（出資金）に基づくだけでなく、国数も反映するべきであるとしている。すなわち、二重議決方式である。

クォータの構成の改革：

次に、クォータ算出の新フォーミュラを採用して、従来からの主要出資国の比率を下げるべきであると提案している[3]。少なくとも、5％、できれば10％の削減が望ましいとしている。

そして、重要事項の議決のためのクォータを現行の85％から80％へ引き下げて、アメリカの拒否権を剥奪するべきであるとしている（IMF条例の改正が必要）。こうすることによって、欧州諸国全体の過大なクォータをアメリカ並みに引き下げることが可能である。そして、欧州諸国は理事会の24議席のうち欧州諸国が占める7～10議席を2にするべきであるとしている。

欧州の議席数をまとめて2議席にするべきであるというのは、多くの識者が提案していることである。現行では選挙を経ない任命理事が、アメリカと日本以外に、ドイツ、フランス、イギリスである。それ以外に、他の欧州グループ、また途上地域の代表がおり、欧州出身者が全体で理事会の7～10議席を占めているのである。

2議席は、ユーロ圏と非ユーロ圏を意識したものであろう。非ユーロ圏を代表するであろうイギリスを意識して、欧州全体で1議席にするべきである

との提案も出されている。
理事会の改革：
　従来24人からなる理事会が毎週開催され、そこではアメリカと欧州諸国が多数を占めて影響力を行使し、しかもIMF業務の細かいことまで介入していた。例えば、IMF融資の条件としての経済・金融自由化の途上国への強制的実施である。
　提案は、業務の細部はIMFトップの専務理事を中心とする管理部門にまかせて、理事会はIMF管理部門の決定の全体的な監視（broad oversight）をするべきであるということである[4]。
　筆者（坂元）のコメントとしては、こうすることによって、過去におけるアメリカや欧州諸国の政策介入をなくし、あわせてIMF業務の中立化を促進できるのである。

妥当性（relevance）　　短期と中期に分けて、以下を提案している。
　緊急措置：
・為替レートへの強力な監視をする（IMF条例の遵守）。
・融資政策の対象を、元々の国際収支対象から、財政政策、金融政策へも拡大。
　従来は国際収支赤字補填のための融資を行ってきたが、当該国のマクロ経済政策を対象とした融資を出すということであろうか。これまでは、融資の政策条件としてこれらの政策が含まれていた。
　財政健全化や金融部門改革などを対象として融資するということであろうか。それであれば、世界銀行の融資と重複する。
　中期的措置：
・中央銀行とSDRスワップ取りきめを　（IMF条例の改正が必要）
・資本市場に関する政策への関与　（IMF条例の改正が必要）
・従来からの監視の対象の強化を　（現行のIMF条例を遵守）
　他の提案は以下。
　世界規模の不均衡の警戒、為替レート政策の遵守（条例に基づく）、各国

の金融システムの安定の評価（現行の国際基準・規則（standards and codes）の実施を含む）、ミクロ・プルーデンシャル政策とマクロ経済政策の統合としてのマクロ・プルーデンシャル政策。

資源（resources）　かれは、過去において、金融危機が頻発したにもかかわらず、先進工業国がIMFに資金を供給しなかった、と述べている。短期と中期に分けて、以下を提案している。

緊急措置：
・IMFクォータと、加盟国からの借り入れの規模を2倍に
・民間資本市場からの500億ドルの借り入れを
・500億SDR（750億USドル相当）の創出を
　そのうち、187.5億ドルが緊急に必要な国へ供与されるだろうと予想している。

中期：
・通常の5年レビューで、クォータを経済規模、貿易、金融の拡大に応じて拡大する。
・毎年、大規模なSDR創出を行う。
　かれは、最後に2008年に決まったIMF改革の実現も挙げている。すなわち、基礎票の3倍、IMFの投資権限の拡大、IMF保有の金の12.5％の売却。

G20提案との比較　かれの提案全体を、2009年4月2日のG20首脳宣言と比較すると、以下がわかる。

総論：
　融資基盤の拡大が大幅に上回っている。画期的な成果であったということだろう。FSFとの分業がない（下記）。

機構改革：
　改革の内容の検討は、これからである。今後の難題は、理事会における欧州の代表度の削減と拒否権の剥奪である。

サーベイランス業務：

かれの論は、金融安定フォーラム（FSF）を含んでいない。今回の提案でもFSFの記述がまったくない。IMFの限界あるいはFSFなどとの分業についての記述がない。

従来の国際収支（BOP）を中心として、それに関連して財政、金融のマクロ経済政策、また金融部門の政策に対して助言や強制的実行を行ってきたが、IMFの対象分野を拡大してBOPと同じレベルにしようとしている。

融資、財務、政策条件：

クォータやSDRの拡大だけの提案である。過去の財源の適正基準との比較がない。

過去において経済や金融の自由化を強制された途上国を中心に、政策条件への反発があることを考慮していない。

② 2008年改革時のアメリカ、シンクタンクの批判

アメリカ、ワシントンD.C.の3つのシンクタンクの8人の専門家と1つのNGOがIMF理事会に、2008年3月27日に手紙を送付した[5]。2008年4月の改正案に対する批判であり、その内容は以下の通りである。

・全体的に改革の程度があまりに少ない。クォータの計算式が不十分。1回きりの数字の利用と、補助的な調整のみ。
・基礎票の比率は2％から5％強に増えるだけ。IMF設立後の10年は、13～15％だった。
・加盟国間のシェアの変化が、現実の経済の変化に対応していない。たとえば、non-advanced developing countriesの比率は2.2％から2.7％の上昇のみ。
・IMF理事会の構成の改革が出されていない[6]。欧州諸国の過度な選任について、かれらが大きな削減に踏み出さないのが問題である。欧州全体で1つのボイスとなるべきである。
・現状をそれ程変えないことは、IMFへの信頼を失わせることになる。

筆者のコメントとして、上記の抜本的な提案が、2009年4月のG20サミット後に、どれだけ改革に反映されるかどうかということである。

2．機構改革

本節では、IMFの機構改革として、クォータ（出資額）及び投票権（vote）と、ボイス改革として、理事会、スタッフの選任ないし代表度（representation）を対象とする。理事会は投票権によって理事が決められているので、それにも関連する。

（1）IMFの機構の概要

IMFの機構改革の内容を理解するために、ここでは詳しくその機構を理解する。現行制度の概要の重要な点は以下の通りである。

①基本構造

投票権制度は、基本票（Basic Vote）[7]に、クォータ10万SDR当たり1票を加える制度である。後者が大きいので、投票権シェアはクォータ・シェアにほぼ比例している。

そのクォータの増加、すなわち増資には、IMFの最高意思決定機関である総務会で85％の賛成が必要である。また、議決が行われた後に、各国での承認が必要である。

2009年5月現在のクォータの国別比率は、表5-1に示した。

②過去のクォータ・レビュー

クォータ・レビューの対象は2つである。すなわち、全体的なクォータの増加、すなわち増資と、出資国（加盟国）間の構成の変更あるいはシェアの再構築。

過去、2008年1月までに13回のクォータ・〈通常〉レビューが行われた。通常5年に1回の間隔で実施する（1958・59年は除く）。1958・59年の補完的なレビューを除く過去13回のレビューうち、7回は全体的な増資を決定した。しかし、直近の2回は増資なし。

出資国（加盟国）間のシェアの再構築に関して、直近では2006年9月の年次総会で、中国、トルコ、韓国、メキシコのクォータの上昇が決定された。これは、2008年4月に総務会決議された補完的なレビューの一環で行われた。

③議決

　採決に当たり、クォータ・シェアに大きく依存する投票権（vote）が行使される。しかし、IMFガイドによれば、理事会が正式な採決で意思決定することは少なく、ほとんどの場合、加盟国間でコンセンサスを形成し、全会一致に至るかたちで議決が行われる[8]。

④拒否権

　アメリカが単独で、また欧州諸国が集団で、重要事項に対する拒否権を持つ。増資、協定改正、SDR配分などの重要事項の議決には、85％以上の票が必要である。

⑤2008年4月総務会決定の現行制度

　IMFの最高意思決定機関である総務会で議決が行われたが、2009年2月末日現在で各国での承認が終わらず、実施に移されていない。議決内容については、IMF中国事務所長による中国でのプレゼンテーション（2008年12月）などを引用してまとめた。以下が、現行の制度の概要である[9]。
・すべての国の基本票を3倍にする。クォータに比して加盟国の数の比重を上げた。出資額の少ない多くの国々のVoteの比重を上げたことになる。
・加盟国の経済状況をより反映するべく新しい算出式に基づいて、クォータを決定した。各国の経済力をより反映するGDPの比重を大きくした[10]。
・中国を含む途上国のシェアをさらに（2006年に続いて）引き上げる。
・結果として、多くの国、特に途上国のクォータ・シェアとVoteが上昇することになる。
・一定数を超える加盟国により選出された理事が、2名の理事代理を任命できる。アフリカ諸国への配慮である。

(2) クォータ及びボイス改革の論点

ここでは、第1回 G20 サミットの前における IMF 制度に対する主要な批判、主要国・地域の立場を説明する。

1) 筆者（坂元）の全体的理解（文献サーベイに基づく）

- 米欧諸国の多くは既得権益の保護を望み、微調整のみを認めるだろう。特に、日本を除く4大国は抜本的なシェアの再構成は望まない。アメリカは15％以上の投票権が確保できる限り（拒否権保持）、新興国や途上国のシェア増大を認める。そのためには、欧州のシェアの低下が必要との認識を持っている。
- 欧州も団結すると、アメリカと同じく拒否権を行使できる。3大国はクォータ及びそのシェアの低下に反対するだろう。
- 新興国はその経済力に見合ったクォータの上昇を要求している。また、途上国は、クォータによる採決でボイス（Voice）が小さくなっている事態の改善を求めている。
- ボイス改革として、専務理事の選任を開かれたものにするべきであるとの意見が多く、米欧も欧州出身者に限るという考えに固執しない。

2) 事例による分析

以下では、主な文献で批判の概要を示す。

① シンクタンクの批判

著　者　　先述のトルーマン

文献名　　Truman, E.M.（2006）, *A Strategy for IMF Reform*, (US) Institute for International Economics.

概　要　　以下は、著書からの引用（Quotas and Voting Power の項, 70 – 71 ページ）

- アメリカ財務省長官スノー　2005 年 4 月 IMFC での立場表明
　　資金面に問題がなくても〈当時〉、IMF の代表度（representation）の改善を妨げるべきではない。過度の代表国と過少の代表国との間の調整は行われるべきである。
- US Acting Under Secretary（Quarles）、2005 年の立場表明

過度の代表国と過少の代表国との間の調整は、クォータの増加とリンクされるべきではない。
・トルーマンの上記の米国政府発言へのコメント
　　発言はショーに過ぎない。アメリカ政府は、クォータ・シェアの調整は、IMFの全体的なサイズ（クォータ？）を大きくするときでしか起こらないと認識している。クォータ（のシェア？）を下げることに対する抵抗が、どの国の間でも大きい。特に、欧州諸国は、かれらにとって好ましくないシェアの調整に至るIMFの全クォータの増大を集団で阻止する投票権を持っている。
・Junker（EU高官）2005年4月IMFCでの立場表明
　　ボイス強化とIMFマネジメントに言及しているが、クォータないしクォータ・シェアの減少にまったく触れていない。

② 途上国側からの批判
著　者　Torres, G24の代表
文献名　IMF理事代理の批判（2007）（Journal of International Economic Lawに掲載）[11]
概　要　2006年のシンガポールでの総会からの改革に対する批判として、シェアの変化が小さいことを挙げる。当初23の途上国が反対した。たとえば、アルゼンチン、ブラジル、エジプト、インドなど。事務局のロビー活動で賛成に回った。
　また、少数の新興国のクォータの上昇は、多くの中所得国の犠牲の上にある。

③ 計算式にかかわる問題点
　IMFのクォータを決めるにあたっては計算式がある。一般的に、経済規模、貿易依存度などが変数として使われるが、どの変数を使うのかで議論されてきた。また、経済規模についても、名目GDPなのか実質GDPなのか、で対立がある。後者の方が、途上国のシェアが大きくなるのである。以下に、主な論点を挙げる。
　技術面　トルーマン（2006）によれば、計算式自体について大きな対立がある。提案は以下の通りである[12]。

トルーマンの提案：
・式を単純化して、1つの変数を中心として追加的に4つまでの変数を認める。

トルーマン引用の他文献の提案：
・当年価格GDPを購買力平価（PPP）ベースのGDPで代替する。
・GDPに人口を加える。
・EU内の貿易を除く。

また、トルーマンによれば、基本票の比重の低下について、他文献（2005）[13]によれば、1945年時点で11％であったものが、現在では2％である[14]。そして、同じ文献の推計結果を以下のように紹介している。

・提案は、基本票を11.3％に引き上げて、残り89.7％をPPPベースのGDPで分配することである。
・結果は以下の通り。途上国のシェアが11.5％上昇、先進工業国のシェアは10.8％下落、アメリカのシェアは2％上昇。

具体案　以下の2論文に、日本を含むクォータ改革の具体案（表）がある。2008年4月の改正前の6.13％がベース。

掲載本：Truman, Edwin M. ed. (2006). *Reforming the IMF for the 21st century*, Washington, DC : Institute for International Economics, c2006. -- (Special reports (Institute for International Economics (U.S.)) ; 19.)

論文1：Truman, Rearranging IMF Chairs and Shares: The sine qua non of IMF Reform

　文献サーベイを中心に、最終案ではEUが18％、米国が18％、日本が6％台で微増。

論文2：Bine Smaghi, Lorenzo, IMF Governance and the Political economy of a consolidated European Seat

　多くのシナリオが提示されている。1案では、ユーロ圏と米国がそれぞれ20％弱、日本が9％弱〈最大値〉。

政治面　筆者（坂元）が2009年2月に面会したオックスフォード大学教授

の意見では、これまでクォータ・シェアの変更の程度があまりに少なく、抜本的なシェアの変更が行われるべきである。

そして、これまでクォータ・シェアの計算式の変更といった技術的な事項に多くの議論が向けられてきたが、重要なことは政治的な判断によるべきものであるということである。

④　議決方式に関する提案

著　者　Torres, G24の代表

文献名　IMF理事代理の批判（2007）（Journal of International Economic Lawに掲載）[15]

概　要　二重多数決方式 double-majority system を提案している。すなわち、現行のクォータ・ベースの投票権に加えて、1国1票の投票権である。EU Council, ADB で既に導入済みである、とのことである。

Woods（2006）も、6つの提案の1つとして、この方式を挙げている。効果は、経済的に力のある主要国が借り手の国の多くと共闘すること、また借り手の国がより政策に参加するインセンティブを持つようになること、である。次で述べるが、IMF内部のガバナンス改革委員会は、2009年3月にこの提案をしている。

⑤　その他

ノーベル経済学者スティグリッツ教授の提案[16]　アフリカ諸国が会議で発言できるようにする。既述のように、2008年4月の総務会でこの提案が採択された。すなわち、理事会において、加盟国の多いアフリカから、2名の理事代理が出席できる（現行は1名のみ）。

また、外部にシンクタンクを作って、IMFにアドバイスをさせる。

スタッフに関わる提案　スタッフへのインセンティブ供与として、同じ国に長く関わることにより、長期の目標でもって仕事ができるようにする[17]。

筆者のコメントとしては、上記以外に、スタッフも欧米出身者に偏っているとの批判があった。

（3）第1回G20サミットに関わる論点

本節では、2008年4月の第1回G20金融サミットに関して、2009年4月の第2回サミットまでの期間における国際機関改革の提案の内容、主要な批判、主要国・地域の立場を明らかにする。

2008年11月のG20金融サミット以降の新聞報道を中心に、サーベイ結果を示す。また、以下の最新文献も参考にしている。

・Country positions for the London Summit by Bretton Woods Project
（2009年3月13日公表。以下、BWPレポートと呼ぶ。）
http://www.brettonwoodsproject.org/art-563944
以下に紹介しないが、日本や中国の主張もかなり書いてある。フランスの立場はほとんど書いてない。

・Report of the Committee of Eminent Persons on IMF Governance Reform
（2009年3月25日にIMF専務理事が公表。以下、IMF内部提案と呼ぶ。）
http://www.imf.org/external/np/omd/2009/govref/032409n.pdf
2008年設立のIMFガバナンスに関わる内部委員会の報告書である。委員会の代表がマニュエル南アフリカ財務大臣で、メンバーには中国中央銀行総裁、インドネシア財務大臣、セン（ノーベル賞受賞者）などが含まれている。

1）筆者（坂元）の全体的理解

全体的には、アメリカは現状のクォータ・シェア維持を望む。欧州はeconomic governanceとして規制（regulation）について多く語っているが、クォータ（quota）などについて具体的な言及は少ない。

EU加盟国でありながら、ユーロ未加盟のイギリスについても、同様である。regulationに加えて、新ブレトンウッズ体制を提唱しているが、具体的な内容の提示はない。

2）事　例
① IMF専務理事

ファイナンシャル・タイムズによれば、IMF専務理事は、投票権の見直し

に関する議論を開始するつもりはない、また現行制度の関係者によれば、イギリスとフランスがもっとも激しい抵抗をした[18]。

② 欧州の提案

　欧州は IMF の専務理事選出が欧州出身者に限るという不文律の放棄を決めたようだ（新聞報道）。ただし、これは世界銀行総裁を選出するアメリカに影響する。

③ BWP レポート：2009 年 4 月の G20 サミットに対する各国の立場
・米国は、クォータなど改革について「a road map with a time frame」を作成するよう提案する。新興国も主張している点である。これは、欧州諸国への挑戦であり、欧州が理事会におけるオーバー・プレゼンスをやめることに同意するかである。
・タイムリミットとして、通常の見直しとなる 2013 年を早めて 2011 年までの改革が提案される。

④ 2009 年 3 月の IMF 内部提案
・クォータ改革の期限を、2010 年としている。
・議決の方式について、IMF 内部提案では、重要事項の決定の票の上限を現行の 85％から 75～70％に下げることを提案。これは、米国と欧州の拒否権を行使できなくするものである。また、加盟国数の票決を加えた DOUBLE MAJORITIES 方式を提案。
・理事会の構成について、米国、欧州諸国、日本が占める任命（パーマネント）理事国制度をやめるように提案している。こうすることによって、欧州諸国のオーバー・プレゼンスの問題の解決につながるとみている。

　具体的には、クォータの抜本的改革として、欧州の投票権がまとまるか、ひとつになるか。これが最も難しい分野である。改革の旗手を任じてきた仏独両国が自国の既得権益を手放せるか。

（4）第2回 G20 サミットに関わる論点

第2回 G20 サミットにおける提言は以下の通りである。
- 2011年1月までにクォータ見直しを前倒しで行うこと。通常は5年で2013年の予定であった。前回は2008年に行われた。これはアドホックな改正であった。
- 総務会の影響力を上昇させる。
- 専務理事とその他マネジメントの選出を公正に行う。

通常5年かけて行われるクォータ見直しのスケジュールが早められたことは、評価に値しよう。上記の提案は多くの識者によって提案されてきたことである。

今回の G20 会議で誰がイニシアティブをとったのだろうか。アメリカにイギリスを加えた先進工業国と、新興市場国であっただろう。過去においてアメリカがクォータ見直しを示唆したことがあったが、それは欧州が抜本的な改革を実施できないだろうという前提であった。アメリカは改革の旗はふったが、欧州がそのクォータ、投票権、及び代表権を抜本的に減らすことは起こらないだろうと見ていたのではないか。

4月の第2回会議に関わる報道では、オバマ大統領がクォータ見直しに積極的であり、中国の主席に対して、経済力に見合ったものにすべきである、と述べている。興味深いのは、首脳宣言には含まれるが、欧州の国々の代表から具体的な提案がなかったということである。事実、第1回会議後に、欧州諸国は国際金融制度改革などについて積極的に議論したようだが、クォータの具体案は発表されなかったようである。

G20 サミットに出席した、インド首相、Dr.Manmohan Singh 首相の4月3日の記者会見において、記者の質問に答える形で以下が述べられた。

> 「IMF のクォータについて、その増加は合意されたが、加盟国間の配分は（具体的に）決まっていない。長期の観点からの対応が必要だ。」

G20 サミットにおいて、先進工業国が大きなシェアを占める IMF クォータについて、先進工業国と途上国の間の比率の再配分が抜本的に実現するかどう

かについて、先進工業国から確約がなかったのであろう。今後のG20会合の最大の課題となるだろう。

(5) 今後の展望

筆者コメントの総論としては、機構改革に関して、先進国優位のクォータの比重を新興市場国やその他途上国に対して抜本的に変えることができるか。クォータ・シェアで選ばれたアメリカ、欧州諸国などが実権を握るのが理事会であるが、常任のドイツ、フランス、イギリス、そしてその他欧州諸国の投票権をまとめて1つないし2つにすることができるか。言い換えると、理事が1人ないし2人に欧州がまとまれるかということである。

具体的には次が実現するかがポイントである。

1）投票権の改革

① クォータ・ベースと国数ベースの導入

投票方式をどう変えるか、ということが重要である。従来クォータの比重による票決、すなわち出資金の大きい先進工業国に有利な形式となっていた。その後、一部の採決について国の数で票決する方式、すなわち国連と同じく一国一票が加えられてきた。しかし、重要な案件については、クォータ・ベースであった。

さらに、国数ベースの票決を増やし、しかも重要な案件も対象となるか、である。

② 重要案件の多数決の基準

現行では、クォータの増資や条例改正など重要な案件について、85％以上の票が必要である。他の重要な案件についても、70％以上である。これを引き下げて、アメリカの拒否権を行使できなくするか。マニュエル主導のIMF委員会でも、提案されている。

アメリカのクォータ比率が17％弱あり、同国が重要案件に拒否権を行使できる。例としては、2008年4月のクォータ見直しについて、2009年3月末日

現在で、アメリカの議会の承認が得られておらず、全体のクォータの変更が実行に移せないでいる。4月2日のG20サミットでもアメリカに承認を促す提案がコミュニケに盛り込まれた。

その他の重要案件についても、アメリカのみならず、欧州諸国がまとまって行動することによって否決することが可能であった。

③　先進国に優遇されているクォータの比重の抜本改革

先進国のシェアが大きい。新興市場国やその他途上国に対して、現在の経済力に見合った対策が必要となっている。

また、クォータが低いにもかかわらず、経済状況がより脆弱で、しかも数の多い貧困国の発言力をどうするか。

欧州については、アメリカ、日本に次いで、ドイツ、イギリス、フランスのクォータ比重が大きい。非選任の常任理事である。これをやめるべきであるとの提案がある。

④　欧州の投票権がまとまるか。ひとつになるか。

2案ある。第1案は、欧州全体で1票、対象はEU。クォータのシェアをまとめて、大きくする。アメリカと同じく、投票に大きな影響を与えうる。

第2案は、ユーロ圏で1票、非ユーロ圏で1票。英国はユーロに加わる可能性が低く、非ユーロを代表する形で常任的な位置を占めることができる。

そうすると、問題はユーロ圏内でまとまるか。ドイツとフランスがあきらめるか。上記については、2002年の著書にフランス財務省の公式文書があり、これを前提にした議論もなされている[19]。

また、他の国々とグループになってその代表国として理事を出していたベルギー、スペインなどの国が理事会に出られなくなるということになる。

以上について、全く議論された結果が公表されていない。もっとも改革が難しい分野であろう。

フィナンシャル・タイムズの報道で、米国の高官が、クォータの抜本的改革は欧州にとって痛みを伴う（ペインフール）ものであると答えている（第1回

G20 サミット直後）。

2）理事会の権限
　従来、理事会が絶大なる権限を有していた。最高意思決定機関は総務会であるが、毎年秋の年次総会時に会議が開かれるだけである。実質的には、理事会が毎週開催される。議長は、専務理事である。
　理事国が融資案件のひとつひとつ、また政策条件の内容までに介入し、注文をつけた。この場で、英米を中心とする国の経済自由化の推進、あるいは強制が起こったのである。
　G20 での総務会の権限を拡大し、理事会が詳細まで介入するべきでないとの意見は、多くの識者から出されている。IMF マネジメントへの権限委譲、総務会ないし Council の権限増大などの提案である。
　Council は IMF の条例に設置が書かれているが、有名無実化していたものである。IMF 改革を内部で検討したマニュエル委員会では、Council を対策として挙げていたようである。しかし、Council は採択されなかった。
　問題は、これまで年1回開かれる総務会でどのように加盟国の意図を伝えられるかである。総務会の影響力のなさに対するコメントも従来から存在した。

3）マネジメント
　G20 会合で、専務理事の選任は MERIT に従うべきであると発表された。これまでの慣例をやめることに米欧諸国は同意したことになる。世界銀行も同様である。
　なお、関係事項として、今後の展望として、同じ投票権制度にある、その他の国際開発金融機関にどのように波及するかである。例えば、アジア開発銀行の総裁は、出資金最大の日本から選ばれてきた。

（6）検証：米国人ベテラン記者の鋭い質問（2009年4月26日）
　2009 年4月26日の IMF・世界銀行主催の開発委員会の会合後の記者会見で、以下のような記者とのやりとりがあった。

Q. （VOAの記者）：IMFと世界銀行において、中国のボイスがいつベルギーを、あるいはベルギーとオランダの合計を上回るのか。
（著者の注意書き：ボイスは発言権であり、両機関の活動を議論する際の発言権は投票権に依存する。投票権は出資金あるいはクォータ（割当額）によって決まっており、実質的な権力を持つ理事会の投票権においてアメリカに加えて欧州の小国もシェアが大きい。）
A. （IMF専務理事と世銀総裁）： クォータあるいは（クォータを決める重要な一要素である）経済規模だけでボイスは決まらない。ボイス（クォータ）・シェアがいくらあるから発言力が大きい、小さいとは一概に言えない。発言力は、両機関の活動への関心や関与の程度、関係者の経験や能力によっても決まるものである。もちろん、シェアが今日の現実を反映したものでなくて、改革しなければならないということは当然だ。世銀はアフリカに1議席与えることを決めた。

このVOAの記者はいつも鋭い質問をする。この質問は、記者会見時の最初のものであった。経済規模が中程度のベルギーやオランダのクォータ・シェアが中国を上回る現状が是正されるのかと問うている。

回答において、IMF専務理事は、新しい経済規模によるシェア見直しを提案しているが、強調して長く説明したのはこれまでの体制において貢献した米欧諸国である。

問題は、記者が問うたように抜本的な改革ができるかということである。

また、2009年5月7日のIMF報道官の記者会見で、記者の質問に答える形で次のことがわかっている。

Q. IMF専務理事が繰り返しているが、IMFの機構改革で、アメリカの拒否権の剥奪があるか。
A. 専務理事がそのように言ったとは言えない。関連コミッティで議論しており、10月のIMFCに報告される。

最後に、2009年4月26日のIMF・世界銀行の合同開発委員会の記者会見で、ロイターのベテラン記者がIMFC議長のGALIが機構改革の討議内容に緘口令を敷いていると述べている。それだけ検討が難しい課題なのである。先述のように、GALIはエジプト人で、途上国出身者として初めてIMFCの議長をつ

とめている。しかも、IMFの改革に対してかなりの熱意を持っているといわれている。

3．サーベイランス

（1）サーベイランスの概要
1）筆者（坂元）の全体的結論

　IMFのサーベイランス業務について、そのファクトシートの和訳文を含めていろいろな説明があるが、次の基本認識が重要である。

　IMF協定第1条の目的で明確だが、IMF業務において為替レートの安定が最大の目標である。サーベイランスの対象として、それ以外は、マクロ経済指標を含めて、その後の解釈や政策的対応で加わっている。1971年までの固定相場制度を基にした条文となっており、その後業務の変更が条文に盛り込まれていない。

　上記の「変更」の重要なものは、以下の通りである。まず第1に、1997－98年以前において、為替レート安定に密接に関わるものとして、その他のマクロ経済指標に積極的に関与するようになった。具体的には、金融政策に関わる価格、金利、貨幣量などに加えて、GDPなど生産、雇用、そして財政政策。中央銀行の国際版である国際通貨基金としては、マクロ経済政策の両輪のひとつである財政政策は各国の財政当局の所管事項であり、特記すべきことである。

　第2に、アジア経済危機後、事後的な危機管理から危機の予防への重点の移動。

　第3に、上記のために、国際収支の経常勘定だけでなく、資本勘定の資本移動の監視。

　第4に、同じく、通貨、マクロ経済から見た国際金融のみならず、セクターとしての金融部門ないし市場も監視ということが加わった。

2) 分 析
① 基礎事項の確認

IMF 東京事務所のホームページの業務紹介[20]によると、IMF が加盟国のために行う業務として以下の3つの主要な業務が挙げられている。

- 世界、地域および各国の経済と金融の情勢をモニターし、加盟国に経済政策に関する助言を行う（サーベイランス〈政策監視〉）。
- 外貨を融資することで、国際収支の改善に向けた経済政策を支援する。
- 専門的な技術支援や、政府や中央銀行職員を対象とした研修を行う[21]。

筆者のコメントとして、通貨安定が本来の目的であることが明確に書かれておらず、政策範囲が拡大している。しかし、同じホームページの情報[22]によれば、サーベイランスに関する以下の説明で為替レートが説明されている（下線は筆者（坂元）による）。

> 政策助言と国際経済の監視
> 　ある国が IMF に加盟すると、その国は自国の経済と金融に関する政策が国際社会によって精査されることについて同意したことになります。また、加盟国は、<u>秩序ある経済成長と物価の安定に向けた政策を実施し、不公正な競争上の優位を得るための為替操作を行わない</u>ことや、IMF に自国の経済に関する情報を提供することを約束します。サーベイランスと呼ばれる、IMF による経済の定期的な監視とその監視結果に基づく政策助言は、問題に繋がるような弱さを明らかにするために行われます。

筆者が強調するこのポイントは、IMF の公式発表のひとつに明確に示されている。サーベイランスとして、「appraise each member's exchange rate policies within overall analysis of general economic situation」だけ書かれている[23]。和訳すると、「一般的な経済状況の全体的な分析の中で加盟国の為替レート政策を査定する」。為替レート政策の監視が根本的な対象なのである。

② 金融部門・市場を IMF 業務に含む意味

上述のように、IMF 業務に金融部門ないし金融市場が含まれている。その分析として、まず中央銀行の政策は以下のように分類できる。

広義の金融政策
・狭義の金融政策（財政政策と並ぶマクロ経済政策。為替レート政策を含む）
・信用秩序維持政策（市場原理を貫徹させる監視体制へ移行している）

　金融部門については、本来の金融政策に加えて、信用秩序維持政策を含むということである。したがって、広義ではIMFが金融部門・市場を政策範囲とすることはできる。

　IMF文書でも、過去の主な変更点として、監視（サーベイランス）の対象が金融部門まで拡大している、と述べられている。すなわち、IMF in Focus (2006) によれば、「サーベイランスはますます資本収支や、金融および銀行部門の問題に注目するようになっている[24]。」

　そして、信用秩序維持政策については、表4-2で主要政策を分類した。IMFの業務としては、特に金融市場全体の不安定を指すシステミック・リスク（systemic risk）を対象とした事後措置となっている。この表によって、金融安定フォーラム（FSF）やバーゼル銀行監督委員会との業務範囲がわかる。

③　IMFのサーベイランスの内容

　まず、サーベイランスの種類は次の2つである[25]。

　国別（bilateral）：

　　IMF4条協議が中心で、金融セクター評価（FSAP）が加わる。対象項目として、為替レートを中心とするマクロ経済指標に加えて、資本収支や金融および銀行部門の問題である。

　多国間（multilateral）：

　　グローバル水準と地域水準に分けられる。前者は、年2回刊行の『世界経済見通し』（WEO）と『国際金融安定性報告書』（GFSR）に対応する。これらの報告書は、IMFCの討議資料であり、G7討議のベースである。IMF・世銀の春季総会、年次総会（秋開催）前の国際金融イベントで、記者会見も行われて質疑応答が行われる。

　　地域水準については、アジア危機後に、また地域協力に対応して導入したRegional Economic Outlookを発表する。グローバル水準の報告書と同じく、

国際金融・経済イベントで、記者会見も行われて質疑応答が行われる。

次に、サーベイランス業務の対象として、以下が含まれる。為替レートを中心とするマクロ経済指標や金融政策だけでなく、財政政策や産業政策など幅広い分野が対象となっている。

また、新しい国際経済環境にあったルールの制定、ルールの遵守状況の監視、特に情報・データおよび経済・金融政策の慣行や意思決定に関わる情報の公開が加わっている。

最後に、サーベイランスの体制としては、国別サーベイランスについては、IMF地域局が、原則として第4条年次協議を年に1回行う。多国間サーベイランスのうち、地域水準についても地域局が担当する。

グローバル水準については、調査局がWEOを発表してきた。国際金融市場局が『国際金融安定性報告書』(GFSR)を2002年より発行している。

④ FSAPとは

FSAP (Financial Sector Assessment Program) とは、金融セクターの安定性評価である。1999年5月から世界銀行と共同で作成するが、各国の金融部門の専門家が実際は評価をする。

白井 (1999) によれば、1年に12か国のパイロットベースで実施した。構成は「金融セクターの安定性についてのスタッフ・レポート」と「国際基準の実施状況評価報告書」からなる[26]。

具体的には、金融セクターのマクロ状況指標に加えて、「数値の前提となる会計基準、情報開示制度、政権分類方法。貸倒引当金規定、金融機関の監督当局の監督能力、破産法などの法律・司法制度、預金保険制度、金融市場の自由化と規制緩和など諸政策」。加えて、国際基準についても評価している。特に重要なものは、IMFの「金融政策および金融監督の透明性向上のための国際基準」とバーゼル委員会の「銀行監督基準」である[27]。

最後に、早期警戒システム (Early Warning System: EWS) の構築がG20サミットを中心に取り上げられており、それはIMFの重要な業務である。本書では、その確立がサミットの重要課題となっているので、第5章3. (3) で

まとめて議論する。

（2）IMF 批判の論点
1）筆者（坂元）の全体的結論
　IMF は今回の金融危機をある程度予期したが、それは WEO や GFSR を中心とするマクロ面からのアプローチによるものであった。また、予期はしたものの、金融部門の問題の深刻さを十分に認識していなかった。したがって、マクロ面からのアプローチはとれるが、危機の震源を十分に把握することは難しいということがわかる。そのために、FSF、各国監督当局との連携が提案されているのである。

2）分析
① サブプライム問題の予告

　第 2 章 1．（2）で検証したように、IMF は WEO で警告はしているものの、サブプライム問題の重大さに対する認識が不十分であった。IMF 調査局長が、2008 年 4 月の『世界経済見通し』の記者会見で、その重大さを見逃したことを認めている。

　2008 年 9 月からの危機は予告できなかったことを、IMF 調査局長が、2008 年 10 月の『世界経済見通し』の記者会見で認めている。

② FSAP の実効性

　FSAP の内容は上記で説明したが、金融セクターの安定性を構造的に分析した評価報告書である。調査期間は 7 ～ 8 か月以上であるが、IMF ホームページの定義では 5 年程度のインタバールで行われている。経済状況の急な変化や危機を予告するにはタイムリーな対応ができないのでないか。

　また、すべての主要国が実施しているわけではない。2008 年 11 月の G20 金融サミット参加国のうち 13 か国しか実施していない。米国と中国は実施しておらず、2007～08 年の危機の原因であるアメリカの国際収支・財政収支の赤字と中国の為替レートの割高に対処できなかった。ＷＥＯ、ＧＦＳＲによる警

告は行われたが、実効性はなかった。

（3）第1回 G20 サミット前の提案
1）全体的評価
筆者（坂元）の全体的結論は以下の通りである。
- IMF の業務として、引き続き一国の金融市場を超える国際的な金融問題の監視（サーベイランスないし oversight）を継続する。また、マクロ経済指標など監視の範囲は拡大した。主要国の国内の信用維持に関わる監視のうち、システミック危機の予防はできる（表4−2）。
- IMF 単独では、監督はできない。しかし、FSF など他の機関が金融市場の国際標準化という立案を行うことを支援できる。具体的には、プログラム国にコンディショナリティを課す。
- サーベイランスは危機の予防が目的。その内容としては、予防そのものと予見がある。アジア危機直後に提案された予防措置の提案の多くは、G20 提案と基本的に同じであり、提案されたが実行されなかったことを意味する。

2）文献サーベイ
① 用語の定義

多くの用語が使われているので、まず用語の整理と定義を行う。

IMF in Focus（2006）の邦訳版では、サーベイランスを政策監視としている。以下に、筆者（坂元）は用語の定義を行う。
- 監視として、oversight と surveillance は同じ。監視ないしサーベイランスは、データ整備・収集、モニタリング、調査、政策協議、政策提言、調査結果と政策提言の公表という業務全体を指す。早期警戒システムを含む。
- 監視（oversight）と監督（supervision）は異なる。監督（supervision）は、監視と規制（regulation）を含む。規制を広義にとらえると、監督と同じで、IMF の監視を含む。

IMF にとって、監視は問題ないが、規制を含む監督は新しい領域で、以下の文献で挙げたように検討を要する。

② 各国の立場—サーベイ結果—

　2008年11月のG20金融サミット前後からの各国の立場を、表5-2にまとめた。総論として、アジア通貨危機時のアイケングリーンの『国際金融アーキテクチャー』（1999年、和訳版は2003年、後述）に書かれていることが、G20関連で提案されていることと同じである。すなわち、当時の提言を実現することが難しいということである。理由としては、各国の利害が優先されたことと、各国の金融制度が異なることである。

　アメリカは、IMFの業務を狭義の監視にとどめたいのではないか。理由は、自国を超えた存在になって、他国からの政策介入を受けるのを嫌う、ということである。これまでと同様に、自国の思想、考え方、政策方針を、IMFを通じて他国に影響力を行使したいのだろう。

　英国ブラウン首相が主張してきた新たなブレトンウッズ体制樹立という根本的な改革は行われない。つまり、条文を書き換え、クォータなどの配分を大きく変えて、IMFが国家を超越する存在にするとの主張がなされたが、アメリカの反対にあったようである。

　英国は、COLLEGES OF SUPERVISORSを第1段階として、第2段階として国を超える「a super-regulator」を提案した。カナダは反対で、IMFプラスFSFの体制を支持している。カナダの立場が多くの国の現実的な選択であろう。

　フランスもドイツも単一の「世界規模の規制当局」に賛成しているが、英国と同じ現実的な選択をとってきた。

　規制の程度については、規制の積極的論者であるフランスも含めて、市場ベースの規制をベースにしている。つまり、昔の強い公的介入には誰も同意しない。特に、金融覇権国である米英は規制の程度が強くなるのを嫌う[28]。

③　IMFサーベイランスないし監督に関する意見

　以下に3つの主な意見（事例A～C）を挙げて、IMFが金融部門ないし市場を監督するのが適切かどうか論ずる。最後に、Dとして、その他の意見も述べる。

事例A　2008年10月の総会開催週のIMF関係者のディスカッション[29]

2007年にIMF専務理事により任命されたIMFガバナンス改革委員会の委員長、マニュエル南アフリカ財務大臣は、IMFが有効に機能せず、国際金融・経済の中心に位置していないと厳しい批判を行っている。

ベルギー研究所長から、2008年の米国の4条協議が実のある内容となっていないとの批判が出された。IMF元調査局長のラジャン（シカゴ大学教授）も、IMFは米国に対して有効な批判を行っていないと述べている。また、2007年に打出された国別サーベイランス強化も成果を挙げていないと評価している。そして、かれは、どの国からも独立の機関が必要と提言している。

元筆頭副専務理事であり、高名な経済学者であるフィッシャー教授（イスラエル中央銀行総裁）は、経常赤字が膨大な米国と経常黒字が大きい中国との間で有効な政策を出せなかったのが今回の危機の原因であると述べている。

総じて言うと、現行の体制ではIMFは有効な成果を挙げることができないというのが出席者全員の意見である。

事例B　トロント大学（ムンクセンター）のG20情報センター[30]**の論文（第9章**[31]**）の概要**　米欧金融危機において金融取引に対する規制が必要となっている。それについて、以下の3つの接近（アプローチ）がある。

① 各国内での規制の強化（national regulatory competition）を実施する。
② 単一の「世界規模の規制当局」（supra-national regulatory agency）を作る。
③ 国際的な規制（regulation）と監督（supervision）を行う。最低限の国際標準（international standards、例としてバーゼルⅡ資本ルール）を設定し、各国当局に実施させる。国際協調が必要である。

Oversight supervisionとして、1と2はいずれも望ましくない[32]。3がとりうるベストである。その内容は以下の通りである。

最低限の各国別規制（national regulation）と金融上の標準の国際協調（international coordination）は、透明性と適切なモニタリングと相俟って、（2つの相対立する提案である）各国内での規制の強化（national regulatory competition) あるいは単一の「世界規模の規制当局」(supra-national regulatory agency) よりも、より望ましい結果をもたらす。理由は、各国の規制当局が、世界規模でありながら、説明責任がなく、また（各国特有の問題に）適切な対応をしないだろう世界規制当局に，自国の規制権限を完全にゆだねるつもりはないからである。

国際協調の分業は以下のとおり。

① 標準の設定（standard setting）は世界規模で行われるべきであり、それは国際標準設定機関[33]の活動から出てくるものである。

② 標準の実施(standard implementation)は各国の当局に規制（regulation）と監督（supervision）をまかせるのがもっとも望ましい。

理由は3つ。

- 各国の当局が弱体化すること、あるいは「世界規模の規制当局」に代替されるというのは、適切な考え方ではない。
- 国際標準は各国で法的措置をとる必要がない。それが「世界規模の規制当局」によって国を超える形で介入的に実施されるのであれば、各国は法制化しなければならない。監視（oversight）と監督(supervision）を、遠くにいる、説明責任を果たせない「世界規模の規制当局」にゆだねるべきではない。
- 各国の金融システムは、機構、手段、法的保護などで異なる。各国の当局が、世界規模の「世界規模の規制当局」より、はるかに情報面の優位性を持っている。

上記の国際協調を適切に早く行うために、IMFの第1の重要な役割が期待される。それは、各国の実施が国際標準にしたがっているかモニタリングを行うことである。

IMFの第2の重要な役割は、国際的な最後の貸し手（international lender of last resort: ILOL）になることである。その融資（facility）と当該国の国内標準の国際標準化をリンクさせるのである。その際、事前コンディショナリティ（preconditionality）と事後コンディショナリティ（ex-post conditionality）の組み合わせが必要である[34]。

上記2つの役割は明確にされ、公的な OFFICIAL MANDATE となるべきである[35]。

事例C　アジア経済・通貨・金融危機（1997 – 98 年）直後の国際金融体制に関わる提案　　以下の文献は、アジア通貨危機時に IMF 批判が行われた頃に作成された、IMF 内部の者による包括的な提案書である。今日の G20 金融サミットに関わる提案の骨子が既に示されている。

アイケングリーン（IMF 元内部関係者）（2003）

文献名　アイケングリーン（Eichengreen）（和訳本は 2003 年発行）『国際金融
　　　　アーキテクチャー：ポスト通貨危機の金融システム改革』勝悦子他訳、
　　　　東洋経済新報社

原　著　Eichengreen（1999）, B., Toward a New International Financial
　　　　Architecture: A Practical Post-Asia Agenda, Institute for International
　　　　Economics.

著　者　Eichengreen

略　歴　元 IMF 上級アドバイザー（1997 – 98）、カリフォニア大学教授

概　要：

　アメリカ財務長官のルービンが 1998 年 2 月のスピーチの中で「新しい国際金融アーキテクチャー」が必要だと発言した。それを受けて、当時の IMF 専務理事カムドゥシュが筆頭副専務理事のフィッシャーにメモ作成を指示。上級アドバイザーのアイケングリーン（著者）が任務に当たった。メモの対象は以下。

・将来の危機を抑制するための方策として情報開示や金融規制の国際標準を設けること。

・激しく国際資金が移動するなかで業務を行っているうまく規制されていない銀行が抱える特別リスク

・緊急融資がもたらすモラルハザードを軽減するため債務問題の解決に民間部門を関わらせるための方策[36]。

危機の予防：(「第2章　提言の概要」の1．より)

総論は以下の３つ。ただし、以下の③はその後言及していない。
① 政府、銀行、および企業の経済・金融関連事象に関する情報を正確にする。
　⇒市場規律を強化することになる（財務状況を健全にするのに必要な手順をとれなかった借り手に対して、貸し手が信用供与を抑制することを促すこと）
② 金融市場、とりわけ銀行の監督と規制を高度化する
　⇒ぜい弱な金融の鎖を強化させる。
③ 為替レートの柔軟性　（アイケングリーンにその後の説明がない。）
　銀行や企業が自身の外国為替エクスポージャーをヘッジすることを促進し、予期せざる大幅な為替レートの変化に耐えうる力を強める。
著者（アイケングリーン）による上記施策の実績の評価：
　　以上の分野でいくらか進展があったが、やり残された課題は多い。
　　（将来に向けた）国際的イニシアティブが最も必要な課題
　　国際金融標準の確立 ＝ 国内の制度改革を行う。〈上記②を指すと考えられる。①はそのベースだろう〉
　　上記の面で有効な監督が必要であることは合意されているが、国際社会やIMFが国家の内政にここまで干渉すべきか、という議論がある。著者（アイケングリーン）はさらに踏み込むべきであると考えている。とられるべき施策は以下の通りである。
・国際的に認知された監査・会計慣行を利用した財務状況の査定
・債権者の権利の有効活用
・投資家保護法の制定
・公正で迅速な企業破産法手続きが必要

IMFの役割：
　（A）第一の課題：国際金融基準設定（立案）
　　第１に、IMFが上記業務を行う能力に制約があることを認識して、専門家がいる他の機関に働きかける（他機関と国際協調）。各国が受け入れ可能な最低限の標準の設定を目指す。
　　国際協調すべきその他の機関は以下のとおり。
・民間機関として国際会計基準委員会（ＩＡＳＣ）、国際コーポレートガバ

ナンスネットワークなど
・各国規制当局の国際委員会(例えばバーゼル委員会)(FSFは当時未設立)

　第2に、IMFは、新しい標準の所有権を持つべきである。設定された国際標準に公的認証を与え、各国の遵守状況(コンプライアンス)を監視し、コンプライアンスの情報を市場に公開し、そしてコンプライアンスを貸し出しの条件とすべきである。

(プログラム諸国への) IMFコンディショナリティと市場規律(関連金融機関などの情報の把握や開示)の双方が、これらの標準を遵守ために利用されるべきである。

(筆者(坂元)コメント:上記標準設定の具体的な実施は、それぞれの標準設定機関が実施することになるだろう。)

　(アイケングリーンが挙げる) 上記の問題点:
・プログラム諸国だけが対象となる。
・市場規律が適切かつ体系的に機能するのか。

　上記の2番目に関する対処策として、借り手国が国際金融標準を遵守するかどうかIMFが格付けし、各国規制当局がそれに応じて外国への貸し出しに自己資本を賦課させる。現在進行中のバーゼル自己資本比率規制の見直し[37]がまたとない機会となる。バーゼル委員会との連携が重要となるのである。

(B)　第二の(IMFのイニシアティブとしての)課題:国際金融基準の施行〈実施〉

①銀行(自身の)のリスク管理慣行の強化と、②銀行に対する規制と監督の強化。

現実には①と②だけでは成果が限られる。そこで、③(第3の防衛ラインとして)銀行の海外からの借り入れ自体を制限するか、課税するか(チリ)、の方策がある。

アイケングリーンの政策提言:
　IMFは上記〈第二の〉アプローチを明確に支持すべきであり、アメリカ財務省は消極的姿勢を改めるべきである。上記Bの①、②が整っていない段

階にある途上国では資本自由化は慎重になされるべきであり、資本流入税を講ずるべきである。

筆者（坂元）のコメント：

・上記提案は、G20の提案と同じ。基本原則としては、アメリカを含めて同意するだろう。

・アメリカの反対：a IMFの過度な介入を警戒　b外国資本に対する流出入規制

・途上国からの反対：国際標準化をコンディショナリティに追加することに反対する可能性がある。過去のIMFのコンディショナリティ賦課に対する本源的な反対と、国内政策への介入への反対が考えられる。各国の銀行当局の管理体制についてアイケングリーンは言及してないが、それがコンディショナリティになることに反対するかもしれない。途上国側は、なによりもまずアメリカを筆頭とする先進工業国の改革を要求するだろう。

・IMFの問題：従来資本自由化を進めてきたが、上記アメリカの立場に反して、また途上国における資本自由化原則の定着に反して、資本規制を導入することができるか。

・ＦＳＦの創立前の議論である。

事例Ｄ　その他の意見　ラディカルな提案として、IMFはサーベイランス業務と融資業務を分離して別の機構を設けるべきであるとの提言がある[38]。融資を条件とするために、第三者的な客観的な判断ができないとの理由である。ただし、多くの識者の意見は、新たな組織を作ることには反対で、IMFによるサーベイランス強化を支持している。

④ FSFとの協働（「2」文献サーベイ」の続き）

IMF専務理事とFSFトップは、2008年11月15日のG20金融サミット直前（13日）に声明を出し、業務範囲を明確にしている。すなわち、グローバルな金融システムのサーベイランスはIMFが担当し、金融部門の監督・規制に関わる政策と標準の立案、そして標準の調整はFSFの主要業務である。IMFはFSFを補佐し、必要なインプットを提供する。そして、金融部門の政策の実

施は、各国の監督当局の業務である。

FSF に G20 各国の担当者を受け入れる構成変更、具体的な業務確定はこれからである。

⑤総括

以上、IMF が金融部門ないし市場を監督するのが適切かどうか論ずる文献をベースとした4つの立場ないし意見を挙げた。総じて、IMF 単独では金融部門ないし市場を監督することはできないということがわかる。IMF がマクロ的なアプローチをとり、FSF や各国監督当局と連携して国際基準設定を行うのが適切な体制である。

また、表4-2で信用秩序維持政策を分類したように、IMF の役割は本来事後的なシステミック危機に関わるもので、事前的措置は FSF やバーゼル委員会の業務ということになる。

国際基準設定について、IMF はモニタリングを行い、またコンディショナリティを介してその遵守を進めることができる。

3）早期警戒システム（Early Warning System）

①筆者（坂元）の全体的結論

早期警戒システム（Early Warning System）は、サーベイランスの一部である。元々早期警戒システムは、メキシコの金融危機直後の1995年6月のハリファックス・サミットでその強化が合意された。

IMF 中国事務所長の中国での発表（2008年12月）で、金融危機に対する IMF の基本業務として WEO と GFSR が挙げられているように、グローバル水準のサーベイランス（multilateral surveillance）が中心である。より重要なミクロ水準の危機の予見は、各国の監督当局とそれを今後束ねるであろう金融安定フォーラム（FSF）の役割がより重要である。

FSF との協働が提案されているが、システムとして整備はこれからである。

早期警戒の内容についてであるが、具体的な案はまだできていない。また、予見そのものが有効であるとは限らない。

②分析

　早期警戒システムの内容を検討すると、IMF の中国事務所長が 2008 年 12 月に中国で行ったプレゼンテーションに、金融危機に対する IMF の基本的業務として4つが挙げられており、その一番目が以下である。

　　Role of Fund
　　　Early warning signs (WEO: danger of "disorderly adjustment"; GFSR April 2007: risks in sub-prime)

　明らかなように、早期警戒システムの内容として、WEO と GFSR の記述が挙げられている[39]。すなわち、サーベイランスの種類のうち、グローバル水準のサーベイランスが IMF の早期警戒システムの基本業務である。
　また、同じプレゼンテーションに、将来に向けての危機の予防策として以下がある。

　　Policies to avoid future crisis
　　Changes in financial market regulation (oversight)
　　International coordination (role of international institutions (IMF, FSF, etc.)
　　IMF: at corner of Wall St./Main St.
　　Early warning systems

　早期警戒システムは4番目に挙がっているが、1番目にある金融市場規制として監視 (oversight) があり、先述のサーベイランスの3つの水準のうち、国別と地域水準のサーベイランスも早期警戒システムに含まれると考えられる。
　では「早期警戒システム」のシステムとはどのようなものであろうか。
　まず上記の IMF 代表のプレゼンテーションからして、IMF のみならず、FSF など他の機関との協働が必要となっている。
　次に、先述の MUNK CENTER の第3章2．（3）の表によれば、早期警戒システムの中心は FSF にあり、IMF はその一部を担当すると説明されている。

また、既掲の表4-2は信用秩序維持政策の内容と関連機関を示しているが、IMFはその業務の一部を占めているのみである。むしろ、システミック・リスクへの事後的措置がより重要な業務である。

そして、IMFのFirst Deputy Managing Director John Lipskyは、2008年12月の演説で、早期警戒システムについて、専門知識と散在している情報をまとめるのは大変な業務であること、そしてFSFと協働して進めていくこと、を述べている[40]。

③ FSFとの協働

すでに述べたが、IMF専務理事とFSFトップは、2008年11月15日のG20金融サミット直前（13日）に声明を出したが、そこでは早期警戒システムについても記述がある。すなわち、IMFとFSFの協働作業であり、IMFはマクロの観点から「リスクや脆弱性」を見つけることが業務である[41]。

④早期警戒システムの過去の推移（一部）

IMFホームページの年表によれば、1998年10月のIMF総会で早期警戒の重要性を挙げている。また、同年4月のIMF総会でも、金融部門と資本移動のサーベイランス強化と警告を頻繁に発することが発表されている。この目的を実行するために、国際的な基準の設定と採用を促すとしている。当然のことながら、サーベイランスの対象が拡大されたことになる[42]。

⑤早期警戒システムの成果

既出のIMF元高官のアイケングリーン（2003）は、アジア通貨危機後の分析として、「危機の予見」は極めて難しいと述べている。すなわち、政府がどう注意を払うか、投資家がそれをどう評価するか、に関わる。有効な計量的なモデルはない。規制当局が過度に期待すべきではないと、戒めている[43]。

また、IMFファクトシートに以下の記述がある（下線は筆者（坂元））[44]。

　　早期警戒システム（EWS）モデルは通貨危機の可能性を判断するため、国際金

融機関、中央銀行、民間セクターの予測者により利用されていますがその数はますます増えております。EWSモデルは国の経済指標や世界の経済、金融市場の情勢、また時によっては政治リスクに基づく指標を用いて危機の予測を試みます。しかしながら、EWSモデルは危機予測のための組織的、客観的、かつ一貫性のある方法を提供するのに対し、一方で予測精度という点ではその実績はまちまちです。したがって、<u>EWSはIMF政策監視における数々のインプットの1つとして利用されるに過ぎません。</u>

（4）G20金融サミットの提案

第1回金融サミットの首脳声明の骨子は表3-2に、第2回金融サミットの首脳声明の骨子は表4-1に示した。

第1回サミットと比較すると、第2回サミットではFSFが改組されてFSBになることとなり、サーベイランスにおいて相対的にFSBの役割が大きくなったようである。元々、FSF/FSBは、1997-98年のアジア金融危機時にIMFが集中砲火的な批判を浴びて機能できなくなったことから、設立されたといわれる。第1回G20金融サミットでも、FSFが中心になって早期警戒システムを推進していくとなっていた。

（5）今後の展望

FSBが<u>重要</u>になったとはいえ、IMFは組織として大きく、知見もはるかにある。その監視体制、分析能力は今後も存分に生かされることとなろう。

一方、FSFには元々各国の複数の機関が参加しており、政策の調整などが難しいと指摘されてきた。今後はG20へと国の数が増えることとなり、いっそう調整が難しいだろう。

また、サーベイランスの内容について、IMFにしろ、FSBにしろ、各国の金融市場の属性、制度、政策に依拠する。欧州内でも制度などが違っているので、国際的な監視を行うためのこの基本的構造の調整が難しくなるのが予想される。既に挙げたアイケングリーンの著書で、1999年にその調整が行われるべきことが提案されている。それが今日まで実施されていないのであり、いか

に調整が難しいかということだろう。

　サーベイランスの内容については、今後その対象が拡大するだろう。関係者の理解の下、金融市場への監視が強められるだろう。

　EU案は、将来はサーベイランスだけでなく、監督も行う強力な機関になることをIMFに期待している。これに対して、アメリカとイギリスは既存の権益があるので、具体化の段階で仏独連合との対立が予想される。

4．融資制度、コンディショナリティ

（1）IMF融資制度の概要
1）融資手段

　IMFの融資は、被融資国に対する、他のIMF加盟国から得た準備資産（reserve assets）（外貨やSDR）を財源としている。借入国は、自国通貨を使って準備資産を「購入」（purchase）する。この準備資産は、加盟各国のクォータ（quota、割当額）からなっている。借入国の返済は、外貨準備資産（外貨やSDR）でIMFから自国通貨を「再購入」（repurchase）することによって行われる。IMFの融資はファシリティ（Facility）と呼ばれる。

　SDRは、特別引出権（Special Drawing Rights）であり、IMFが創出できる世界の準備資産である。また、SDRはIMF融資の単位である。特別引出権（SDR）はIMFの通貨単位とみなすことができる。SDRは、主要先進工業国の通貨の加重平均で変動する。交換比率は、「1SDR=1.52ドル」である（2007年8月16日現在）。

　低所得国向けの融資のシステムは異なっており、加盟国の一部の拠出による信託基金（トラスト・ファンド）から融通される。

　融資は、借込国の経済・金融政策の遵守をみながら、何回かに分けて行われる。トランシェ（tranché）と呼ばれる。これらの政策は加盟国とIMFの合意の賜であるが、現実にはIMFの押付けとの批判が多い。融資の条件となる政策を、政策条件（コンディショナリティ、conditionality）と呼ぶ。

融資は大きく分けて、非譲許融資と譲許融資である。新興国に対しては、前者が中心である。IMFは1～2年の短期を対象とするスタンドバイ信用を1952年から供与していたが、1974年より長期の融資手段たる拡大信用供与ファシリティ（Extended Fund Facility : EFF）が導入された。これらは通常ファシリティ（regular facility）と呼ばれる。市場金利が適用され、返済期間はスタンドバイが2～5年、EFFが4～10年である。所得水準が高い国が主な被融資国である。

また、特別融資制度として、補完的準備制度（Supplemental Reserve Facility: SRF）と補償的融資制度（Compensatory Financing Facility: CFF）がある。前者は1997年に導入されたもので、「突然かつ破壊的な市場の信任喪失に関連して国際収支困難に直面した加盟国に短期的な支援を供与」[45]する。CFFは1963年に導入され、一時的な輸出所得低下などに対応する。

さらに、緊急支援のために、1995年に紛争国復興融資（Post-Conflict Emergency Assistance）が導入された。イラクに2004年に供与された。

低所得国の金融危機に対して当初スタンドバイ信用やEFFが供与されていたが、当該国の構造調整・改革には長期を要し、金利負担に耐えられないとの判断から、譲許融資が導入された。

構造調整ファシリティ（Structural Adjustment Facility: SAF）が1986年に、拡大構造調整ファシリティ（Enhanced Structural Adjustment Facility: ESAF）が1987年に創設された。これらは、先進工業国を中心とした機関からの拠出による低所得国向けの特別のファンドである。

その後、ESAFは、1999年に貧困削減・成長ファシリティ（Poverty Reduction and Growth Facility: PRGF）に代替された。貧困削減が頭にあるが、マクロ、セクター、ミクロ水準、あるいはすべての市場を対象とした包括的な政策パッケージが課される。

他の低所得国向け融資として、外生ショック・ファシリティ（Exogenous Shock Facility :ESF）がある。外生ショックに直面した国が対象で、PRGF適格ではあるが、PRGF支援プログラムを実施していない諸国が利用可能である。対象期間は、1～2年である。

過去の融資手段として、体制移行融資（Systematic Transition Facility: STF）があったが、東欧と旧ソ連諸国が対象であった。

また、予防的クレジットライン（Contingent Credit Lines:CCL）はアジア通貨危機後の新しい融資手段であり、IMFと安定化計画を結ぶことなくして供与するものである。資本が世界中を自由に往来し、世界経済が相互依存性を深めている中で、ある国の通貨・経済問題に迅速に対処し、他国への波及を未然に防ごうというものである。しかし、拠出されることなく、2003年に廃止された。

アジア危機に見舞われた国々のその後の順調な経済回復もあったが、廃止された理由はIMFの政策介入を嫌って民間資本市場から借り入れを行ったからである。

今回の世界金融危機に対して導入された、弾力的信用枠（Flexible Credit Line: FCL）は、健全なうちに信用枠（貸付限度額）を設定する。第2回G20で、メキシコが始めてFCLを申請することが歓迎された。2002年9月に承認された対ブラジルの274億SDRを上回る315億SDRが2009年4月に承認された（後出の表6-1参照）。5月ポーランドとコロンビアへの融資が承認された。

２）融資実績

表5-3で長期間の融資実績を概略説明すると、まず所得水準が高い国が被融資国であるスタンドバイ信用の取極件数が多い。1999年に導入された貧困削減・成長ファシリティ（PRGF）の前身のSAFの件数は1987年と1988年に多く、1987年導入のESAFと1999年に代替したPRGFは10件程度である。

金額的には、より多額の融資を供与するスタンドバイ信用が中心である。特に、アジア通貨危機のあった1998年と、その後のブラジル、アルゼンチン、トルコにおいて金融不安があった2002-2003年に、多額の融資が行われている。（既出の表1-3参照）。

1994年12月からの通貨危機に対応してIMFがメキシコに対してそれまでで最高額となる融資を行っていたが、ブラジルがその後1999年と2002年に経済危機に陥った。

表5-3 IMFの融資実績 (1975 - 2005)

年	取極数 スタンドバイ	EFF	SAF	PRGF	合計	供与額 (100万SDR) スタンドバイ	EFF	SAF	PRGF	合計
1975	14	-	-	-	14	390	-	-	-	390
1976	18	2	-	-	20	1,188	284	-	-	1,472
1977	19	1	-	-	20	4,680	518	-	-	5,198
1978	18	-	-	-	18	1,285	-	-	-	1,285
1979	14	4	-	-	18	508	1,093	-	-	1,600
1980	24	4	-	-	28	2,479	797	-	-	3,277
1981	21	11	-	-	32	5,198	5,221	-	-	10,419
1982	19	5	-	-	24	3,106	7,908	-	-	11,014
1983	27	4	-	-	31	5,450	8,671	-	-	14,121
1984	25	2	-	-	27	4,287	95	-	-	4,382
1985	24	-	-	-	24	3,218	-	-	-	3,218
1986	18	1	-	-	19	2,123	825	-	-	2,948
1987	22	-	10	-	32	4,118	-	358	-	4,476
1988	14	1	15	-	30	1,702	245	670	-	2,617
1989	12	1	4	7	24	2,956	207	427	955	4,545
1990	16	3	3	4	26	3,249	7,627	37	415	11,328
1991	13	2	2	3	20	2,786	2,338	15	454	5,593
1992	21	2	1	5	29	5,587	2,493	2	743	8,826
1993	11	3	1	8	23	1,971	1,242	49	527	3,789
1994	18	2	1	7	28	1,381	779	27	1,170	3,357
1995	17	3	-	11	31	13,055	2,335	-	1,197	16,587
1996	19	4	1	8	32	9,645	8,381	182	1,476	19,684
1997	11	5	-	12	28	3,183	1,193	-	911	5,287
1998	9	4	-	8	21	27,336	3,078	-	1,738	32,152
1999	5	4	-	10	19	14,325	14,090	-	998	29,413
2000	11	4	-	10	25	15,706	6,582	-	641	22,929
2001	11	1	-	14	26	13,093	- 9	-	1,249	14,333
2002	9	-	-	9	18	39,439	-	-	1,848	41,287
2003	10	2	-	10	22	28,597	794	-	1,180	30,571
2004	5	-	-	10	15	14,519	-	-	967	15,486
2005	6	-	-	8	14	1,188	-	-	525	1,713

出所：IMF, Annual Report 2007.
注：EFFは拡大信用供与ファシリティ、SAFは構造調整ファシリティ、
　PRGFは貧困削減・成長ファシリティ、拡大構造調整ファシリティ（ESAF）を含む。

　1997～98年のアジア通貨危機においては、震源地のタイに加えて、1997年11月にはインドネシアが、12月には韓国がIMFのスタンドバイ信用を受けた。IMFの主な融資は、融資の条件となる政策条件（コンディショナリティ、conditionality）を課すので、多くが構造調整支援融資と言える。
　東アジア（世銀の地域分類で東南アジアと南アジアを含む）においては、フィ

リピンは80年代初頭からIMFのスタンドバイ信用と拡大信用供与ファシリティ（EFF）を受けてきている長期借り入れ国である。80年代のインドネシアはIMF・世銀の指導による計画を実施したことがある。

ところが、2004年以降になると、IMF融資の件数、金額ともにかなりの減少が生じている。これは、IMFなどの支援の成果として金融不安が減少したことであって喜ばしいことである。しかし、米欧金融危機前までは、旧ソ連圏・東欧諸国の市場経済化などでの職員増加もあって肥大化したIMFの存在価値が問われることになっていた。

新興市場国に対する最新の融資の実績は、後出の表6-1参照に示した。米欧金融危機の影響を受けたアイスランド、ハンガリー、ウクライナが融資を受けている。

3）コンディショナリティ

IMFに対して一定以上の金額の融資を求める場合、政策条件であるコンディショナリティが被融資国に課される。新興国に対してはIMFが、貧困国に対してはIMFと世界銀行が構造調整計画（structural adjustment program）の名の下に、広範な経済自由化を急激に実施することを課してきたのである。

政策内容については、短期のマクロ経済安定が政策目標であり、政策手段として、財政政策、金融政策、為替レート政策という通常のマクロ経済管理政策が採られる。具体的には、被融資国の国際収支赤字とインフレ是正のために総需要の抑制と為替切り下げを行なう。もちろん、これらの政策、すなわち政府支出の削減と金利の引き上げとによって、全般的な経済不況、失業の増大など副次的な悪影響が生ずる可能性が高い。いわゆる緊縮政策の悪影響である。

政策実施のスピードはIMFや世銀などの融資期間に対応して、1～4年となっている。特に、IMFはすべての政策を短期間に急激に行なう「ショック療法」（shock therapy）を主張する。これに対して、漸進主義（gradualism）が対立する。

しかし、実際上は、多くの国、特にアフリカの低所得国を中心に、融資は更新され20年に及ぶ構造調整の実施となっている国がある（例えば、1980年開

始のケニア、セネガル）。

　ただし、立案された計画の実施は、融資期間内での実現が求められる。融資期間内は、いくつかのトランシェに分かれて、政策の遵守を見て融資が行われる。

　IMFの政策条件については、根本的に国内政策への介入であること、また緊縮的な政策で当該国民に不人気であることから、80年代の初めの導入時から、被融資国から激しい抵抗を受けた。また、オーナーシップの観点も含めて、多くの識者が批判してきた。

　IMFへの批判が強くなったのが、アジア通貨危機のときであった（第1章4.参照）。そして、引き続く新興市場経済の金融危機に直面して、IMFの政策の妥当性とその支援体制の限界が問われることとなった。また、融資金がロシアなどで不正に使用されたという疑惑が持ち上がったこともあり、アメリカ下院でIMFの妥当性が厳しく批判された。

　IMF批判の発端となったアジア通貨危機でわかったことは、IMFの処方箋は支払い能力（solvency）のなさを解決するために総需要抑制と為替レート切下げを行うことであったが、新たな金融危機は国際的に自由に移動する資本によって引き起こされる流動性（liquidity）の不足によって起こされた、ということである。すなわち、グローバル化によって生じた巨大な国際資本に、IMFが十分に対応できなくなったのである。カムドゥシュ元専務理事は、アジア通貨危機を「21世紀型の危機」と呼んだ。

　アジア通貨危機に対する批判に対応して、IMFは2000年に評価局を設立した。アジア諸国の経済状況の急激な悪化の中で、IMFの政策が十分に対応しなかったのはその秘密性にあるとの批判、そして当然のことながらその政策も評価して公に公開すべきであるとの批判に対応したものである[46]。

4）財　源

　全体的な財源は、表5-4を参照されたい。拠出額などが見てとれる。融資が減った2003年の拠出可能額も併記した。サミット宣言で出された7,500億ドルはかなり多いのである（次項参照）。短期的に多くの準備資金を用意する

ことは重要であるが、将来的にどうするかも考慮する必要がある。カナダ政府は、IMFの資金面での巨大化には反対している。

ただし、増加分を借入にしたことは評価できる。

（2）G20サミットの提案

第2回G20サミットにおける提言は以下である。
・財源を2,500億ドルから7,500億ドルへと3倍にする。内訳は、一般借入（NAB）で5,000億ドル。それぞれ日本とEUが1,000億ドル。日本は第1回会議で提案済み。他にカナダとスイスが貸付に参加する[47]。
・SDRを2,500億ドル創出して、加盟国の準備資産とする。
・不足する場合、市場からの調達も可能にする。世界銀行と同様にIMF債を発行する。
・既に2008年4月の総務会で決定しているが（アメリカ議会の承認がまだで不実行）、IMFの金の売却益を貧困国に向ける。

筆者のコメントとして、全体的に画期的な成果である。世界銀行などを入れると1兆1,000億ドル。2009年2月に筆者が面会したオックスフォード大学教

表5－4　IMFの財源

(単位：億)

	2003 SDR	2007 SDR	2008 SDR	2009/4/30 SDR	2009/4/30 US$
1．IMFの資源総額	2194	2,246	2,241	2,241	3,357
加盟国の通貨	2121	2,096	2,098	2,096	3,140
SDR保有額	5	26	20	21	32
金保有額	59	59	59	59	88
そのほかの資産	10	66	65	65	98
2．利用可能でない資源	1156	593	717	700	1,049
3．利用可能な資源（1-2）	1038	1,654	1,525	1,541	2,308
4．IMF融資制度のもとでまだ支払われていない金額	198	31	203	518	776
5．コミットしていない資源総額（3-4）	840	1,623	1,321	1,023	1,533
6．今後1年間に返済される金額	7	3	1	1	1
7．プルーデンシャル・バランス	328	349	347	357	535
8．1年間のフォーワード・コミットメント・キャパシティ	581	1,277	976	667	999

出所：IMF, Annual Report.

授は、1兆5,000億ドルのSDR創出を提案していた。

IMFの融資余力の3倍がG20サミットの最大の成果であるが、日本は第1回サミットから1,000億ドルの支援を表明しており、かなり高い評価を得た。今回IMFが借り入れる5,000億ドルの5分の1を占める。

緊急時の積算ということになるが、過大な金額であるとの指摘もできる。カナダが主張しているように、巨大な金融機関にすることの検討は必要だろう。

なお、2009年5月末に、IMFは債券を発行して、ロシア側の受け入れが決まった。

(3) 今後の展望

IMFの融資余力の3倍がG20サミットの最大の成果であるが、日本は第1回サミットから1,000億ドルの支援を表明しており、2009年2月14日にIMFとの間で日本の貸付に関する調印が行われた。こうしたこともあり、IMFの借り入れ全般に関わる会議がIMF・世銀の2009年4月の春季総会中に開催され、日本政府財務省の高官が議長を勤めた。

融資状況については、4月1〜2日の第2回G20サミットで、メキシコが始めて弾力的信用枠(FCL)を申請することが歓迎された(表6-1参照)。4月17日にIMF理事会で承認された。5月ポーランドとコロンビアが続いた(5月14日現在)。2008年10月にFCLの前身の融資手段(SLF)は導入されており、アメリカの働きかけがあったのではないかと考えられる。

承認された額は315億SDRであり2002年9月に承認されたブラジル向け274億SDRを上回るものであった。

表6-1によれば、5月14日現在で、合計980億SDRが融資されている。通常の融資余力2,500億ドルの大きな部分を占める。

(4) LIVE検証:IMFの政策介入への記者たちの厳しい追及(2008年10月30日)

9月15日のリーマン・ブラザーズ破綻後の世界経済の大凋落に対処すべく、IMFは10月29日に新たな融資手段(SLF)を導入する。その翌日にIMF報

道官による通常の記者会見が行われた。報道官はIMFシニア・アドバイザーのDavid Hawleyで、前日の発表の記者会見で司会をしている。Video、Transcript共にIMFホームページのwebcastで得られる。

1980年からのIMF融資を受ける条件として、被融資国の国内政策に対して厳しい政策が採られたという背景の下で、新手段はそれを緩和したものであるとの発表が前日になされていた。

Q① 常連のロイター女性記者
依然として多くの国がIMFの政策条件（IMF conditions）に不満を持っている。過去の危機においてIMFがどのように対応したかを振り返るならば、その当時の条件と現在課そうとしている条件と大きな違いがあるのか。
A① IMFシニア・アドバイザー
政策条件(conditionality)の改良は行われてきた。現在では、対象を絞った「targeted conditionality」である。昨日の発表の記者会見でIMF専務理事が言及したものである。

Q② 常連のロイター女性記者
IMFの政策条件（targeted conditions）の問題に戻りたい。その意味するところが不明である。
A② IMFシニア・アドバイザー
IMF専務理事の言葉を繰り返す。targeted conditionalityとは、IMFプログラムを成功させるために相手国のニーズに直接的に関わるコンディショナリティである。

Q③ 記者（上記②にすぐ続いて）
IMFは緊縮政策（austerity measures）が必要かどうかの検討をしたことがあるのか。これが批判の重要なものであり、IMFがあまりに厳しい財政支出抑制を行ったと記憶している。その思想（philosophy）が今は変化したのか。
A③ IMFシニア・アドバイザー
IMFは緊縮政策を処方はしない（IMF does not prescribe austerity）。IMFプログラムは、経済的調整（economic adjustment）を必要とする危機にある加盟国を支援するものである。被融資国の政府への支援である。

解説すると、最後の③のIMF側の回答は面白い。1980年代の初めからの

IMFプログラムについて、IMFを医者に、被融資国を患者に見立てて、苦い処方箋（policy prescriptions）を課すとIMFは批判されてきた。新興国に対してはIMFが、貧困国に対してはIMFと世界銀行が構造調整計画（structural adjustment program）の名の下に、広範な経済自由化を急激に実施することを課してきたのである。

結局、FCLは2009年4月、SLF導入から半年後に、メキシコに供与されることとなった。多くの新興国が過去の苦い経験から融資要請を回避した可能性がある。

文献・注

1）2006年4月現在では以下のようであった。米国で17.1％、日本6.1％、ドイツ6.0％、フランスと英国がそれぞれ5.0％であり、G5で39.1％。G10のうちG5を除く国々に、スイスが加わって合計で24.2％。G24のうち途上国24.6％、その他が合計で12.1％（中国2.9％、ロシア2.7％。日中を除くアジアは9％）。
2）著者のTrumanの略歴は以下。
Assistant Secretary of the Treasury for international affairs（1998-2000）（元財務省事務次官補佐）、Division of International Finance, the Board of Governors of the Federal Reserve System（1977-1998）
3）かれによれば、2008年の改革案では、従来からの主要出資国のシェアが2.2％上昇する。
4）かれは、他の識者が毎年春季総会と年次総会時に開催されるIMFCの代わりに、IMF条例にあるCOUNCILを設けるべきであるとの提案を挙げている。かれは積極的に支持しないが。
5）Experts Critique Proposal for International Monetary Fund Quota Reform, Brookings Institute, April 9, 2008.
6）Woods（2006）は、IMFのワーキング・グループのレポートを引用して、2001年時点で専務理事などの選考過程の透明化が提案されたが、その後守られていない、と述べている。
7）1国当たり250票であったが、2008年4月の総務会で3倍にすることが決まった。
8）国際通貨基金（IMF）広報局（2003）『IMFガイド：国際通貨基金とは』、IMF、ワシントンD.C.実際のところ、議決前に拒否権を行使できる米欧の意向が考慮されるし、またこれらの国の意向を通すべく該当理事やIMFマネジメントが事前に多数派工作を行うことが多い。
9）事務所長のPWプレゼンテーションには次のように示されていた。
出所は、Arora（2008）。
April 2008 approved:

further increase in quota/votes for mainly developing countries (including China)
formula more closely based on GDP
regular 5-yearly reviews
Awaiting approval from countries.
10) 新しい算出式；
(0.50 × GDP + 0.30 × 開放度（openness）+ 0.15 × 変動（variability）+ 0.05 × 外貨準備)^K
GDPについては、60％が当年市場価格（Market exchange rate）、40％が購買力平価（PPP exchange rate）で、ドル建ての値を計算する。Kは0.95。
11) Proposed IMF Quota Reforms won't benefit developing countries-says Leading Developing country representative, by Celine Tan, TWN (Third World Network) Info Service on Finance and Development 16 August 2007.
http://www.twnside.org.sg/title2/finance/twninfofinance080704.htm
12) Truman, E.M.(2006b), A strategy for IMF reform, (US) Institute for International Economics.
（Trumanは元米国財務省高官)、pp. 66-67.
13) Kelkar et al.(2005), Reforming the International Monetary Fund,: Towards Enhanced Accountability and Legitimacy. In Reforming the Governance of the IMF and the World Bank, ed. Ariel Buira, London: Anthem Press
14) Truman, E.M.(2006b), 66-67
15) Proposed IMF Quota Reforms won't benefit developing countries-says Leading Developing country representative, by Celine Tan, TWN (Third World Network) Info Service on Finance and Development 16 August 2007.
http://www.twnside.org.sg/title2/finance/twninfofinance080704.htm
16) 引用している文献は以下。Coffey, P. & Riley, R.(2006), Reform of the international institutions : the IMF, World Bank and the WTO, Northampton
17) Woods(2006)
18) IMF chief curbs summit expectations
By Alan Beattie and Krishna Guha in Washington
Published: November 7 2008 18:32 ¦ Last updated: November 7 2008 18:32
http://www.ft.com/cms/s/0/84129fbe-acf7-11dd-971e-000077b07658.html
19) Jacquet, P. et al.(ed.) (2002), Gouvernance mondiale, La documentation française.
20)「国際通貨基金とは」（2007年9月）　http://www.imf.org/External/japanese/pubs/ft/whatj.pdf　平成21（2009）年1月24日閲覧。
21) 白井（2002）は、IMFの機能として次の3つを挙げている。1）マクロ経済を中心とする適切な経済政策を実施しているかどうか調査・分析・監視（サーベイランス）　2）国際収支不均衡国に対する金融支援・経済プログラムの実施　3）国際通貨・金

第5章　国際通貨基金（IMF）の改革　*151*

融問題について協議し、協力するための話し合いの場を提供する（58ページ）。多くは筆者（坂元）の説明と同じ内容であり、3）は1）に含めてサーベイランスと考えることもできる。為替レートその他を含む広義の業務範囲が挙げられている。

22）「国際通貨基金とは」（2007年9月）　http://www.imf.org/External/japanese/pubs/ft/whatj.pdf　21年1月24日閲覧。

23）Arora (IMF Senior Resident Representative) (2008), Hand in Hand: IMF Collaboration with Developing Countries in the Financial Crisis, presentation at the ShARE World Seminar 2008 on A Changing World: Setting New Rules, at Peking University, December 22, 2008 (Power Point file)
http://www.imf.org/external/country/CHN/rr/2008/122208.pdf

24）国別サーベイランスで記述。

25）IMF in Focus（1996）、17ページ。

26）白井（2002）、258ページ。

27）白井（2002）、259-260ページ。

28）Country positions for the London Summit by Bretton Woods Project、2009年3月13日公表。
http://www.brettonwoodsproject.org/art-563944

29）"Future role of IMF is debated as financial crisis takes toll," Per Jacobson Foundation Panel held on October 2008, IMF Survey, November 2008.

30）Munk Center, The G20 Leaders Summit on Financial Markets and the World Economy, November 14-15, 2008, Washington DC
Edited by John Kirton,

31）Chapter 9 Perspectives on Co-operative Policy Solutions: The International Monetary Fund by Michele Fratianni, Kelley School of Business, Indiana University, and Università Politecnica delle Marche, Ancona, and John Pattison, G20 Research Group
[Print version]　Chapter 9全部で4ページ。

32）①については、国内当局は2つの点で対応できない。すなわち、セーフティネットを設けたことにより金融機関がリスクをよりとるようになったという結果をもたらした。次に規制の強化は、国内の関係機関の競合により適切な規制とならなかった可能性がある。
②（「世界規模の規制当局」）は、各国の国会に対して対応ができない。

33）主要な民間機関として、アイケングリーン〈1999〉では以下が挙げられている。会計については国際会計基準委員会（IASC）。類似の機関として、国際会計士連盟（IFA）、最高会計検査機関国際組織（INTOSAI）。証券市場の規制については、証券監督者国際機構（IOSCO）。

34）危機になってからの政策条件 (ex-post conditionality) では、IMFが忠実な政策実施国

に過大な融資を行い、そうでない国に過小な融資を行う可能性がある。前者にモラルハザードを起こし、後者に厚生の減少をもたらす。Meltzer Commission (2000) は、IMF 融資が短期であるために、忠実な実施国に過大な金利で、その良いパフォーマンスに背くことになると批判している。

35) Fratianni and Pattison (2008)、4／4 ページ。
36) 日本語版への序文、iv ページ
37) バーゼル銀行監督委員会によって 1988 年にバーゼル合意。1994 年に改訂版の枠組みが合意された。国際的な銀行は、一定の自己資本以上を保有することを義務付けた。
38) Truman (2006a), p.49. また、白井〈1999〉によれば、日本政府は 1998 年 10 月に「国際金融監督機構」の設立を提案している。
39) これらの報告書で警告はしているものの、その重大さに対する認識が不十分であった。
40) Improving early warning systems. The IMF is intensifying work on early warnings and the monitoring of systemic and country vulnerabilities. "In general, this is a complex task that requires bringing together expertise and information that, by its nature, tends to be scattered," First Deputy Managing Director John Lipsky said in a December 17 speech. "Coordinating the analysis and formulating the response is key. The IMF has recently stepped up its work in this area, redoubling its analysis of financial markets, macro-financial linkages, and spillovers across countries. The aim is to strengthen our early warning systems and we are working in cooperation with the Financial Stability Forum, among other organizations. Such exercises should encourage the early adoption of preventive or compensating policy responses, either in macroeconomic or regulatory areas."
出所：IMF Survey Magazine: Policy Financial Crisis Shapes IMF Work Priorities
IMF Survey online
December 18, 2008
http://www.imf.org/external/pubs/ft/survey/so/2008/POL121808A.htm
41) UK Treasury (2008), Financial stability and depositor protection: cross-border challenges and responses, Sept., p.14. 英国は早期警戒システムを主唱しているが、未だ内容が具体化されていない。
42) 白井 (1999)、257 ページ。
43) 本論で既述。アイケングリーン (2003)『国際金融アーキテクチャー：ポスト通貨危機の金融システム改革』、20 - 21 ページ、原著は 1999 年。
44) IMF ファクトシートの和訳であり、IMF 東京事務所から入手。タイトルは「脆弱性指標 - 進行中の作業」(2002 年 8 月)。
http://www.imf.org/external/np/exr/facts/jpn/vulj.htm
45) IMF in Focus, September 2006.
46) 当時の筆頭副専務理事のスタンレー・フィッシャー教授は、IMF は情報をもっと公

開すべきであったとの批判に対する回答として、それはできないとして2つの理由を挙げている。第1に、秘密性を保持するがゆえに当該国政府と重要な政策について協議できる、第2に仮にIMFがある程度の政策を公開したとして、むしろ経済を悪化させていたであろう。

47) 中国が400億ドル貸し付けるのではないかとの情報（ブラウン首相）があった。

第6章

世界金融危機と新興市場国

　新興市場経済・国の概要、経済の歴史と政策は第1章3.で詳しく検証したので、ここでは2009年のリーマン・ショック後の期間を中心とした動向と、G20参加国の今後の改革に関する認識と提案を示す。

1．動向の検証

　新興市場国・途上国については、サブプライム問題が起こった2007年は、1997～98年のアジア通貨・経済危機後10年目であった。今回のサブプライム問題と同じく、国際金融資本がもたらしたこの危機においては、数百万の人々が貧困に逆戻りしたと言われた。しかし、同年6月にIMFがその機関誌に発表した論説、「アジア危機後10年」によれば、東南アジア諸国はその後経済の回復が進み、1997年7月のタイ・バーツ暴落に始まる危機以前の経済水準に達したとしている。

　これはアジアだけの動向であるが、2007年にかけて多くの新興国・途上国で高い経済成長を実現した。すなわち、2007年までの期間において、自国内の経済成長に加えて、外国からの投融資が急増して、持続的な成長が続いた（表1-5参照）。

　ところが、サブプライム問題に先進工業国が影響を受けている間も高い成長を達成したが、リーマン・ブラザーズが破綻した2008年9月以降において、

多くの新興国・途上国が大打撃を受けることとなった。

　すぐ危機に陥ったのはハンガリーである。ジュルチャーニ首相は、西欧諸国の緊急融資と IMF の融資を受けて、経済打開の方策をとった。同国については、IMF 専務理事が記者会見で、財政刺激の必要性を挙げながらも、財政規律の必要性を挙げている。金融政策については、引き続き緩和政策の継続が必要との立場をとっている。

　そして、先進国グループに入るが、金融にあまりに依存していた小国アイスランドが、IMF 融資を受けることとなった。続いて、東欧諸国を筆頭に多くの新興国が IMF の通常の融資、スタンドバイ信用を受けることとなった。表6－1に IMF 融資状況をまとめた。

　また、第2回 G20 サミットでは、メキシコが新たな融資手段、弾力的融資枠（Flexible Credit Line: FCL）の受け入れを決めたことを評価している。そして、ポーランドとコロンビアが続いた（2009年5月14日現在）。

　ここで、表6－1と、既掲の表1－3と表1－7を比べると、2002年に金融危機に陥ったブラジルがアジア金融危機時の韓国への融資を大きく上回る金額を得ている。今回の危機においてメキシコが得る FCL の金額はそれをもっと上回るものである。

　新興国の今後の動向であるが、2009年5月7日の IMF 報道官の記者会見で、記者の質問に答える形で次のことがわかっている。
　・トルコへの融資取り決めが近く、関連大臣を含めて協議中である。
　・中国の4条協議に関して、近いうちにミッションが派遣される。
　トルコについては、3月12日の記者会見で首相を含めて協議中と説明されている。今後融資受け入れがあるのだろう。

　中国については、以前から4条協議の時期について質問されている。今回の金融危機の潜在的な問題の1つが、為替レートに制限を加えた貿易黒字であったからである。

　また、『世界経済見通し』（WEO）の記者会見では、ラテン・アメリカはこれまでの構造改革により、以前よりかなり経済状況がよく、また中・東欧よりかなりよい、との報告があった。外貨準備がかなりあり、IMF に頼らなくて

表6-1 新興市場国へのIMF融資

(2009年5月14日現在)

	被融資国	承認月	失効月	承認額 (100万SDR)
スタンドバイ信用	アルメニア	2009.6	2011.5	368
	ベラルーシ	2009.1	2010.4	1618
	コスタリカ	2009.4	2010.7	492
	エルサルバドル	2009.1	2010.3	514
	ガボン	2007.5	2010.5	77
	グルジア	2008.9	2010.3	477
	グアテマラ	2009.4	2010.1	631
	ハンガリー	2008.11	2010.4	10538
	アイスランド	2008.11	2010.11	1400
	ラトビア	2008.12	2011.3	1522
	モンゴル	2009.4	2010.1	153
	パキスタン	2008.11	2010.1	5169
	ルーマニア	2009.5	2011.5	11443
	セルビア	2009.1	2010.4	351
	セイシェル	2008.11	2010.11	18
	ウクライナ	2008.11	2010.11	11000
	合　計			45769
弾力的信用枠(FCL)	コロンビア	2009.5	2009.5	6,966
	メキシコ	2009.4	2010.4	31528
	ポーランド	2009.5	2010.5	13690
	合　計			52184
	総　計			97953

出所：IMFホームページ、Current Financial Arrangements（2009年5月19日閲覧）。

もよいのである。

2．新興市場国・途上国の認識と提案

　以下、G20参加国を中心に、その対策に関する認識と提案を各国別に見ていく。

全体的認識：

　基本的に、今回の危機の責任はアメリカなど先進工業国にあり、新興国・途

上国は被害者であるとの認識を持っている。また、米欧の経済・金融面の力をそぐ絶好のチャンスと見ており、IMFクォータ・ボイスの抜本的な改革を先進国が実施するか注視している。

アジア通貨危機時にIMF管理下になったインドネシアや韓国だけでなく、ラテン・アメリカ、アフリカ諸国の多くもIMFプログラムで苦い経験をしており、IMFの強大化には与しないのではないか。

中国：

クォータなどの抜本的な改革が短期的に実現しないことを希望しているのではないか。実質GDPでは世界の10％以上を占めるので、クォータ・シェア決定に当たってそれをベースにすると、シェアが大幅に拡大して責任ある立場をとらなければならなくなる。国内の政治事情により、当面為替レートを変動相場制度に移行して大幅な切り上げになることを回避したい[1]。

IMFの経済・金融監督についても、2040年過ぎには米国を抜くという予測（ゴールドマンサックスBRICs命名レポート）もあり、米国と並ぶ超大国（2009年2月に面会したパリ大学教授の意見）として、米国と同様にIMFを介した他国の政策介入を認めたくない。

インド：

実質GDPベースで中国ほどでないが、かなり規模が大きい。2007年のIMF『世界経済見通し』でインドの2006年の経済規模が日本と並んだということが話題になった（同国の為替レート切り上げによる）。

BRICｓの中では、米欧の働きかけが比較的少なく、最も独立的な思考をとれるだろう。旧宗主国、英連邦の英国の働きかけはあるだろう。

中国と同じく、IMFによる政策介入は望まないが、クォータ・シェアの大きな引き上げを要求するだろう。

ロシア：

実質GDPベースでそれほど大きくない。中国や米国と同様に、IMFの政策介入に反対である。ロシア設立後のIMFプログラムでIMFとその背後の西側諸国と激しい対立があった。

G7でのステータスを好み、G20による地位の埋没を警戒しているようである。

ブラジル：

　実質 GDP ベースでそれほど大きくない。2008 年末にサルコジ大統領議長の EU 派遣団が同国を訪問し、EU と同一歩調をとることが確認された。反アメリカという意味で、その資本主義に対抗するという点で、仏独陣営の立場をとるだろう。

　しかし、WTO 会合でアメリカ、EU と厳しい交渉をしており、かならずしも今後協調的かどうかはわからない。

南アフリカ：

　南アフリカ共和国の財務大臣が IMF 内部の改革委員会の議長をしている。旧宗主国の英仏などと同一歩調をとり、アフリカ地域に多い貧困国のボイス拡大は要求するだろう。

3．CASE の検証：テロと投資の最前線（パキスタン）

・Dreaming with BRICs: The Path to 2050
Source: Goldman Sachs, 2003.
・A vision is like a dream, but one which is experienced with both eyes open and with one's feet on the ground.
Source: Introduction, Executive Summary of Pakistan in the 21st Century: Vision 2030

　第 1 章 1．(3) で検証したように、「2 つの世界、2 つの夢」がある。上記の一番目は、アメリカ証券第 1 位のゴールドマン・サックス社が 2003 年に出版した有名なレポートである。同社が名づけた BRICs の経済発展をもって利益追求を「夢見る」のである。同社は、2007 年のサブプライム問題で、世界の株価が下落する中で、空売りにより巨額の利益を上げたことが報じられている。そのような世界では、1 秒未満で瞬時に膨大な金額が、さらなる利益を「夢見て」世界を動くのである。

上記の2番目は、パキスタンの計画書の一文である。そこでは、土煙りが上がる中で必死に実現しようという夢があるのである。

2007年の人口1億6,200万人、1人当たり所得870ドルの同国の現実は厳しい。非識字率は50％（2005）、5歳未満の栄養不良児童は31.3％である（2000～2007）。これらの数字は男女平均であり、女性の地位はかなり低い。国内の所得格差も大きい。そこで、「夢見る」のは「大人になること」なのか。

筆者は日本政府派遣専門家として、90年代初めにパキスタンの計画省で仕事をしたことがある。その2年前に某省委託のインフラ調査でイスラマバードを訪問した際にインタビューした同省開発計画局長からリクルートされたのが発端である。目的は、同国の第8次国家開発計画策定支援であった。

同計画策定の過程で読んだ計画書の序文（案）は印象的であった。そこには、隣国のライバル、インドを意識しつつも、「世界規模での自由化になんとしても遅れてはなるまい」と書かれていたのである。

長く債務危機が続いたパキスタンに対して、2002～2004年に債務削減が行われた。伝統的にインドに対するパワーとしてアメリカの支援を受けてきたが、2001年9月の同時多発テロ以降はアフガニスタンなど西側のイスラム諸国の原理主義に対する拠点として重要性が増した。伝統的に、パキスタンでは、国内政治の不安定とそれに伴う過大な軍事支出が従来から経済の重荷になっていたが、アメリカを中心とする西側諸国の協力によって債務危機から抜け出すことができた。

この間、IMFの融資を受けて経済の自由化を進めて、2007年の時点では、イギリスの有力ビジネス誌が国際的な投融資先として同国を推奨するようになっていた。それが、今回の金融危機では、2008年11月にIMFのスタンドバイ融資をうけることとなった（表6-1）。

パキスタンよりももっと所得水準が低いアフリカなどの貧困国も、IMF・世界銀行により強制的に貿易自由化、投資自由化を実施してきた。開発に向かうべき、あるいは人びとの「夢を実現」するべき貴重な資源が、その国と関わりのない地球の貪欲な投資家によって持ち去られてしまっている現実がある。

文献・注

1）IMF は、2005 年までは固定相場制度の国と分類していたが、その後に連続的な固定レート変更が行われた。現在では固定相場制度と変動相場制度の中間的な制度と分類されている。

第7章

世界金融危機と貧困国

　G20金融サミットでは、もちろん先進工業国と経済力のある新興市場国の経済の回復と今後の国際金融制度の在り方が中心課題であったが、参加した国々は今回の危機の貧困国に対する影響に特に注意を払っており、強力な支援が発表された。

　本章ではサハラ以南アフリカ地域を中心とした貧困国を扱う。地理上のアフリカ地域の53か国から北アフリカの5か国を除くのがサハラ以南アフリカである（図7-1参照）。また、本節では経済大国であり、新興市場国としてG20サミットに招かれた南アフリカ共和国を除いた分析が中心となる。以下では、特に断らない限り、アフリカと呼ぶ。

1．歴史と動向の検証

　世銀の分類では、低所得国は1人当たり所得が約800USドル以下の国々を指すが、その下半分が貧困国である。今日を理解するために、これまでの歴史を理解する必要がある。まず総論的に述べると、1980年代初めからIMF・世界銀行主導で経済自由化ないし構造調整計画（SAP）が実施されたが、十分に成功したとは言えない。

　世銀の構造調整融資が最初に供与されたのが1980年である。被融資国はケニア、トルコ、スーダン、ボリビア、フィリピン、セネガルである。そして、これらの融資と平行して、国際通貨基金（IMF）の融資も供与されることとなっ

図7-1　アフリカ全図

た。

　1980年から21世紀にかけて、IMF・世銀主導の構造調整計画（SAP）が開発の実質的な枠組みであり、経済の回復、自由化の定着など一定の成果が挙げられた。世界で最も自由化が進んだグループに入る国が多く、WTO交渉を巡る交渉で分かったことは、アフリカ諸国の自由化の程度が先進国を上回っていることである。

　しかし、結果としては、対外債務返済能力の構築に失敗し、2000年を目途に二国間債務帳消しをせざるをえなくなった。加えて、2005年のグレンイーグルズ・サミットでは、イギリスのブレア首相の指導力で、遂に経済自由化を課したIMF・世界銀行の融資まで帳消しにすることが決まった。この点で、債務返済能力を築く本来の目的が達せられなかったのである。同サミットでは、

併せてアフリカに対する援助の倍増で合意をみた。

　しかも、その間、構造改革の貧困層に対する悪影響は既に80年代半ばには大きな争点となっており、国連児童基金（ユニセフ、UNICEF）が1987年に『人間の顔をした調整』（Adjustment with a Human Face）を刊行し、IMF・世銀の構造調整計画を厳しく批判した。

　また、アジア経済危機においては、インドネシアで、1998年5月5日のIMF勧告の補助金削減による生活必需品などの価格高騰が暴動に発展して、商店の略奪、放火、中国人への暴行などが起こり、死者千人以上にのぼった。

　そして、1996年のDAC新開発戦略、2000年の国連ミレニアム・サミットにおいて、人類最大の目標が貧困国における貧困削減、特に1日1USドル未満の絶対貧困層の半減であることが宣言された。

　一方、最近の動向としては、今回の危機の前の資源価格の上昇もあり、アフリカ諸国の経済成長率はかなり高かった。IMFとの交渉決裂など紆余曲折があったとはいえ、過去20年間において経済自由化は進展した。

　例えば、特に国際的に注目されるのが、1996年のリヨン・サミットで開始された重債務貧困国（Heavily Indebted Poor Countries: HIPC）債務削減イニシアティブ[1]によりHIPCs諸国の債務はすべて帳消しにされたのであるが、その代表国の東アフリカのタンザニアである。

　同国では、他のHIPCs諸国と同じく、IMF・世銀主導の下に抜本的な構造改革が実施されるのであるが、同国は世界の低所得国の中でも最も経済自由化が進んだ国のひとつとなっている。また、市場の自由化だけでなく、政府機構の改革も行われ、すなわちガバナンスが向上して、近年外国投資の有望国として挙げられるようになった。

2．検証：外国投資の貧困国への貢献

　IMF・世界銀行のモデルでは、被融資国が経済危機に陥った段階では、両機関の融資と他主要ドナーの援助によって経済・金融危機を乗り切る。その間、

抜本的な構造改革を図り、輸入自由化、投資自由化を実現する。そうすると、外国からの投融資が惹起されて経済が持続的な経済成長を実現できるというものである。

両機関は、経済危機で債務返済不履行の状況になって融資を求めてきた貧困国に対しても、同様の処方箋を与えた。結果は、既に述べたように、貧困国でありながら、国内の生産セクター、株式市場を海外の投資家にオープンしているということである。

タンザニアでは、1990年代初めに債務残高の輸出に対する比率が1000％と図抜けて大きかったが、今日ではダイヤモンドなど鉱物資源に多くの外国投資が行われるようになった。IMF・世銀主導の構造調整の成功例とされているのである。

事実、筆者は2008年3月にパリでBNPパリバ銀行の投資担当者と面会したが、同銀行はタンザニアなどの株式を組み込んだ投資信託を販売していた。

しかるに、タンザニアの貧困は依然として深刻である。また、海外にオープンしているとはいえ、同国の輸出は輸入の半分程度しかない。国内の貧困撲滅などに向けられるべき貴重な資源が海外に流出しているのではないだろうか。

翻って、2007年5月末の東京で日本政府の財務省と世界銀行の共催の世銀開発経済年次会合（ABCDE）が初めて東アジアで開催された。2日目の論題が、外国投資自由化である。世銀担当者が、2005年の途上国への国際民間資本（債券と株式）の流入が純額で4,910億ドルと過去最高水準に達し、相次ぐ民営化や国際的吸収・合併により、外国直接投資（FDI）が2,380億ドルに伸びた、と報告した。

その後、セミナーが開かれたが、討論者のJPモルガン「新興市場の量的戦略グローバル」責任者の番になると、会場がどよめいた。すなわち、弱冠20台くらいの若者であったからである。かれも、国際投資家たちから大きな関心を集めるアジアやラテン・アメリカの現地通貨建て債券市場について報告した。

フロアからの質問の最後に立ったのが、若い日本人女性である。彼女は、「グローバルな進展は、（貧しい）人々の生活にどう関わるのか」と真摯な質問をした。ABCDE会合の実質的な責任者である、ブルギニヨン・チーフエコノミ

スト兼上級副総裁（世界銀行）が返答した。「経済・金融面での生産や所得の増加と貧困削減との間には正の関係があると絶対に言える」。

しかるに、同会合で基調講演を行ったノーベル経済学賞受賞者のスティグリッツ教授は、いろいろな著作の中で、マクロ的な生産や所得の増加が貧困者に裨益するという自由化論者のトリクルダウン（浸透）効果は少なかったと述べている。

3．G20サミットの提案

第2回サミットにおいては、今回の危機により大きな影響を被る新興国も含む途上国への資金協力が表明された。IMF、世銀を中心とする融資額1兆1,000億ドル、貿易信用2,500億ドル。最貧国向けには、500億ドルの特別支援も加わった。

4月末のIMF・世界銀行年次総会時のいろいろな記者会見では、以下のことが明らかとなった。

IMFC会合後：
・先進国だけでなくアフリカの国も景気刺激を行うべきである。

アフリカ展望の報告後：
・貿易の減少、商品価格の低下により、アフリカ諸国の経済は今後大きな影響を受ける。特に貧困層への影響が甚大である。
・2、3の国で財政的に余裕があり、財政刺激を行える。それは、タンザニア、ウガンダ、南アフリカ（IMFのプログラムはない）。
・2005年のグレン・イーグルズ・サミットで約束された援助2倍は実行されていない。

最後に、IMFは外的ショックの際に供与する融資手段を持っており、金融危機の関連で融資を仰いでいるのは以下の国々である。

  キルギス 2008年12月10日承認 6700万SDR
  マラウイ 2008年12月3日承認 5200万SDR

セネガル　2008 年 12 月 19 日承認　4900 万 SDR

　貧困削減・成長ファシリティ (PRGF) の対象国は 24 か国に上っている (2009 年 5 月 14 日現在)。

文献・注

1) 対象国については、1993 年時点の 1 人当たり GNP が 695 ドル以下、債務総額 (残高) が年輸出額の 2.2 倍以上もしくは GNP の 80% 以上を占める 42 か国が認定された。

第8章

アジアと日本

1. 動向の検証

　既に述べたが、IMFは、アジア金融危機から10年経った2007年に「アジア危機後10年」の報告で、東アジア経済が危機前の経済水準に回復したと述べた。同様に、米国ワシントンD.C.にある姉妹機関である世界銀行も、『東アジア・ルネッサンス』を刊行して、アジア地域の高度成長を高く評価した。また、2008年8月に発表された上半期の経済成長率も高い予測を示していた。

　1993年に世界銀行は『東アジアの奇跡』を刊行して、第2次世界大戦後の経済成長、経済発展に市場志向の政策が貢献したとして、自らの経済自由化政策の有効性を確認していた。

　実際のところ、アフリカやラテン・アメリカと違って、IMFと世界銀行主導の構造調整計画（SAP）の経験が長い国は少ない。SAPの経験が長いのはフィリピンとインドネシアのみである。タイは80年代初頭にSAPを受入れたことがあったが、その後の経済の回復、加えて日本からの援助と投資の増加によって、97年のアジア通貨危機まで支援を仰がなかった。

　しかし、比較的国家主導型で高度成長を遂げたマレーシアとシンガポールを含めて、当該政府が取った経済自由化の貢献は識者の間で評価されている。

　それが、既に第1章4．で詳説したが、金融市場の自由化の影響もあり、数百万人が貧困に逆戻りする未曾有の危機に直面することになったのである。しかし、その後、2008年までははかなりの高度成長を実現することとなった。

　IMFのアジア経済展望の報告（2009年4月）によれば、日本と同じく、今

後金融危機の影響を受けるのは、中国を除く東アジア地域であると予測されている。

2．日本の G20 サミットへの貢献

（1）　これまでの貢献

　G20 サミットの提案の主な対象は国際金融制度改革であるが、日本は世界第2位の経済力のゆえに IMF と世界銀行においてアメリカに次ぐ第2の出資国である。しかるに、アメリカと西欧諸国主導で国際経済・金融秩序は形成され、両機関の業務や政策についても米欧の影響力が大きく、日本はアメリカを中心とする方針に追随してきた。

　しかし、第5章でみた IMF のクォータ改革について、日本は以前から改革論者であった。自らのクォータ・シェアの拡大も求めたし、アジア諸国を代表して両機関の第2株主として発言してきた。本書の巻末にオックスフォード大学教授との面会記録があるが、SILENT ながら、日本のこれまでの改革の努力は評価されるべきであり、今回改革に積極的な英仏などは以前全く改革に反対していたのである。

　アジア諸国の代表としては、2005年に当時の谷垣財務大臣が、アジア諸国のクォータの増加を要求している。同年の IMFC 前に、谷垣大臣は、「ASEAN＋3」のクォータを 13％から 20％に増やさせるべきであるとの提案を行っている。IMF はアジア諸国の不満に耳を傾けるべきであると述べている[1]。

　日本政府は、IMF 内の会合でリーダーシップをとり、今回の G20 で決まった IMF・世銀の長の選出についてもガイドラインを以前作成していたのである。

　今回の G20 サミットについては、第1回会合に向けて、IMF に 1,000 億ドルの融資を提案した。これは、イギリスとの連携によるとされるが、打撃を受けた国からの融資要求に備えたものとして高く評価された。

　また、景気対策については、米英と連携して、G7 の中で財政赤字が最も大きいにもかかわらず、積極的な財政刺激策のキャンペーンを行った。既に述べ

たように、第2回サミットの前日に、ファイナンシャル・タイムズの第1面のインタビューで、それに消極的なドイツを批判した。

（2）今後の対策

以下に、日本政府として提案する際に重要と思われる点を挙げる。

基本方針：
・小泉政権からアメリカとイギリスと緊密な同盟国になっているので、両国と十分な連携を持って政策枠組みと政策内容の協議を進めていく。
・経済政策面では、仏独は英米の金融覇権をそぐ絶好のチャンスと見ているが、経済的強者としての同盟を意識して、経済・金融政策では英米両国に同調し、市場ベースの規制への支持を表明する。大幅な金融規制に反対する。IMFについても、国家を超える存在になることを英米は反対するのではないか。

IMF改革（基本方針）：
・今回の改革の手柄を欧米にとられるべきではない。日本のこれまでのIMF改革の努力をしっかりアピーするべきである。今回積極的な英仏は、IMF改革に反対の立場をとってきた。
・政策手段として、資金（カネ）での貢献が評価されているが、IMFのクォータ・シェア改善など枠組み改変への知的支援にも積極的に参加する。
・多くの識者はG7・G8でなく、G20による改革推進を提案しているが、G7・G8の位置づけをどう考えるか。国連の安全保障理事会改革との連携をどう考えるか。ドイツは安保理に並列で経済を論じる体制を作るべきであるとの提案をしている。
・IMFでの改革が及ぼす世界銀行やアジア開発銀行への影響について検討する。日本の権益をどう守るのかを考える。
・アジアの権益代弁はいいが、他の地域の新興国・途上国、特に貧困国の権益をどうしようとしているか。

IMF改革（機構改革）：
・日本および世界の経済変化に見合ったクォータおよびボイスの改革を主

張する。その際に、アジアの代表としてのアジア諸国の比重の引き上げを主張する。

・クォータ改革が抜本的に進む可能性があるが、日本のシェアがどのようになるのか試算する。

IMF改革（融資制度）：

・IMF財源に関して、IMFの財務全体の分析を行う。その際に、米国連邦準備理事会（FED）など各国の外貨準備、チェンマイ・イニシアティブなど、その他の流動性手段との関連を含めた総合的な分析も行う。

IMF改革（サーベイランス、政策条件）：

・新興国・途上国に対するIMFプログラムについて、日本政府は、急速な自由化という政策内容への批判をしてきたこと、また政府の役割の必要性を訴えてきたこと、を報告する。これは、今日の金融部門の監督のあり方にも関連する。

・過去におけるIMF・世界銀行主導の経済自由化・構造改革に関する反省を踏まえているのかチェックする。外務省は、協調融資が始まった80年代末から多くの委託調査を実施して政策条件の問題点を指摘してきたし（筆者も参加）、ODA白書でもそれを公表している。

3．CASEの検証：ハノイでのベトナム人教授との討論（2009年3月）

2009（平成21）年3月18日から22日にかけて、ベトナムの首都ハノイを訪問して、ベトナムの国立大学、フランス商工会議所、日本の国際協力機関や世界銀行の現地事務所などを訪問した。以下が、国立大学教授ら3人とのディスカッションの結果である。

（1） ベトナム経済の現状
 1） 現状分析
　1997～98年のアジア経済危機時には悪影響は軽微であったが、今回は世界経済にベトナム経済がより組み込まれており、影響は大きい。現状は以下の通りである。
・輸出減少　アメリカ市場への縫製・繊維製品が減少。EU向けは31%減少。多国間繊維協定（MNF）失効の後に2001年にアメリカと二国間協定を結んでいるが、削減は大きい。
・投資減少
・中小銀行で破産
・前日英国エコノミスト誌エコノミスト・インテリジェンス・ユニット（EIU）のベトナム経済に関する発表会があったが、2009年の経済成長率は0.3%の予想となっている。

 2） 対策
・景気刺激策が取られており、金利に補助金を供与して、金利を8%から4%へ下げた。インフラへの投資も行われている。
・予想される効果について、2007年の高インフレ（21%）を抑えるために引き締め政策をとっているところに、今回の金融危機が来た。財政赤字で財政による刺激の余裕はない。為替レート切り下げの圧力があるが、もし切り下げたとしても海外の需要が減少しているので輸出は増えないだろう。輸入品の価格は上昇するが、国際収支は悪化する可能性が高い。
・対策の他の問題点として、公企業への融資が続く。投資プロジェクトの選定が正しくない。すなわち、資源配分の効率化が実現していない。銀行部門は、管理能力が低く、不良債権を抱えている。
・今回の金融危機の別の側面として、世界経済の不況により商品価格が下がったのはプラス。また、構造改革の良い機会と捉えるべきである。

(2) 将来に向けての戦略

構造的な問題は以下である.

・世界経済フォーラムの年刊『グローバル競争力レポート』でベトナムのランキングは低い。問題点は、インフラが悪い。人的資本の評価はある程度あるが、熟練労働が不足している。公企業への融資、投資が続く。

・中国の競争力は強く、ASEAN内での産業間協力で生きていく。

筆者が解説すると、IMFのアジア地域予測でも出されているが、輸出依存度の高い東南アジア、東アジア諸国の経済への打撃はかなり大きい。ベトナムも同様である。近刊の拙著『新興市場国サーベイ』で主要26か国の海外依存度を表にまとめたが、2006年の製造業品輸出のGDPに占める比率はベトナムは137.7%で、タイの125.7%より大きい。金融危機に陥ってIMF融資を申請したハンガリーは134.1%である。

証券取引については、中国と同様に徐々に外国人に開放してきており、今回の金融危機による資金引き揚げが問題とならなかった。筆者は市内で証券会社も訪問したが、真昼間から大きなボードに移る株価の変化を女性を含む多くの人が眺めているのであった。日本でも最近ベトナムの株式市場への投資が注目されるようになったが、社会主義政府が採ってきた漸進的な外資への緩和が功を奏したといえる。2009年5月に発表された恒例のIMD『世界競争力年鑑』でも、ベトナムは依然として分析対象の50か国強に入っていない。

文献・注

1) 2005年5月の「ASEAN+3」財務相会合で、以下のように話している。
   The IMF needs to listen and understand the frustration and concerns Asian countries feel toward it and make serious efforts to address these concerns.
   出所：Truman, Edwin M.(2006). A strategy for IMF reform, Washington, DC : Institute for International Economics, Feb. 2006 --(Policy analyses in international economics ; 77)

第9章

今後に向けて

1．世界金融・経済危機の原因とマクロ経済政策

　G20の2回の会議で今後に向けて政策が提言されたのであるが、それを再吟味するために、ここでは今回の金融危機の原因を明らかにしたい。

　まず2008年後半からの深刻な金融・経済危機の直接の原因は、2008年9月15日のリーマン・ブラザーズ破綻である。そしてそれを引き起こした要因は、ヘッジファンドを中心とする金融機関のハイ・リスクの投資であり、それを見過ごしたその監督・監視体制の不備である。これによって、バブルを未然に防ぐことができなかったのである。

　また、根本的な問題として挙げられているのが、アメリカの経常赤字と中国の経常黒字である。アメリカの経常赤字の最大の原因は同国の財政赤字であり、それが過大な需要を引き起こしバブル発生の根本的な原因となった。

　中国の黒字については、内需拡大策が不十分であり、為替レートが伸縮的でない故に、人為的な黒字と外貨準備の累積が起こったことが指摘できる。同国の黒字は、アメリカ連邦債の最大の投資者に中国を押し上げることとなった。

　追加的な要因として筆者が指摘したいのは、世界経済の他のエンジンとなりうる日本が「失われた10年」を引きずり、ドイツがユーロ圏の政策の制約で、内需拡大による世界経済への貢献ができなかったという点である。

　G20の第2回会議の前から、更なる財政面の景気刺激策の是非を巡り、積極的なアメリカ、イギリス、日本の陣営に対して、フランス、ドイツ、欧州中央銀行が反対した。結果的に、第2回会合では合意を見なかった。

しかし、第4章2.(2)で述べたように、麻生首相がロンドン会議直前のFT紙の第1面でドイツが日本と一緒に景気刺激策を採るべきであると批判したのは意義のあることである。事実、IMFの『世界経済見通し』の記者会見で記者の質問に対して、IMF担当者はさらなる刺激策は可能と述べている。

2. 国際金融制度改革

IMF改革については、次に述べる。既述のように、株価など金融市場の崩壊の直接的な原因は、金融機関のハイ・リスクの投資であり、それを見過ごしたその監督・監視体制の不備であるから、国際的に事業を展開する金融機関に対しての制度を改革するというのは最も重要な政策課題である。これによって、将来バブルを未然に防ごうということである。

国際金融制度について、IMFの財源の大幅な増加が改革の重要な課題となっているが、金融市場の監督、規制という面では、金融安定フォーラム（FSF）が金融安定委員会（FSB）に発展的に改組されて、そちらがより重要な地位を与えられている。これは、新しいことではなく、2008年11月の第1回G20金融サミットについて、識者は、FSFが中心であり、IMFはその補完としていた。

第2回G20金融サミットでは、IMFのサーベイランスについてはあまり言及がなく、FSBがその分野の中心となったようである。金融市場のすべてを監視するのは、各国の当局とそれを束ねるFSBということになる。IMFはマクロ面の監視を続けるということであろう。

金融市場の規制、監督については、G20で基本方針は出された。たとえば、すべての市場、機関、商品を規制の対象とするという点では、規制論者のフランスなどが勝利したと言っている。

ところが、実行の面ではどうだろうか。英米両国は「金融覇権」を容易にあきらめるとは思えない。規制の程度、実施のやり方で、今後英米対仏独の対立が表面化するだろう。英米は、市場関係者の自助努力を尊重するのに対して、仏独は公的機関による介入を重要とみている。

3．IMF改革

　IMF改革については、G20の提言の目玉は、融資制度であった。財源が2,500億ドルから7,500億ドルへと3倍になり、画期的な成果である。IMFの特別引出権（SDR）の2,500億ドル創出も評価される。
　融資制度については、適正な基準であるのか、過去の水準や財務状況をみて検討しておく必要がある。カナダは、IMF融資総額の巨大化には反対している。
　より大きな問題は機構改革である。それについては、先進国優位のクォータの比重を新興市場国やその他途上国に対して抜本的に変えることができるか。クォータ・シェアで選ばれたアメリカ、欧州諸国などが実権を握るのが理事会であるが、常任のドイツ、フランス、イギリス、そしてその他欧州諸国の投票権をまとめて1つないし2つにすることができるか。言い換えると、理事が1人ないし2人に欧州がまとまれるかということである。
　また、アメリカなどが拒否権行使をあきらめるかである。期限は2011年1月までであり、時間もそれほどあるわけでなく、また交渉は苛烈であろう。
　有効なサーベイランスをするには、機構改革がまず必要ということであろう。中国など新興市場経済の発言権を確保せず、従来からの先進国主導の運営では、その有効性が損なわれるということである。
　先進工業国の認識と提案は以下の通りにまとめられる。

1）全体的認識
　短期の政策と中長期の政策を分けて考える必要がある。短期的には、経済を回復させるためにIMFに流動性を確保する必要がある。新興市場国と途上国へのIMFの財源確保のためである。
　中長期の政策課題は、同じくIMFの財源の適正化の問題と、金融危機の予防を中心とする経済監督のための機構改革（クォータ・ボイス）である。
　金融規制の短期的な導入は、景気回復を遅らせる。

2）短期的な政策・対策

短期的にどれだけ財源が要るか予測が難しい。過去のトレンド、民間資金も考慮した今後の見通しなど、注意深い検討が必要である。おおよその数字の提案になる。その際、IMFの全体的な財源、中央銀行の二国間スワップ取り決めなど他の手段の検討を踏まえての提案が望ましい。

3）日本の短期的な政策・方策

日本も全体を踏まえた提案をするとよりアピールできる。第1回のG20サミットにおける日本の1,000億ドルの提案は評価されているが、全体的な財政における位置づけ、その意義を明確にする。

4）中長期的な政策・方策

他の財源についても、全体的な財源の試算が必要である。融資予定額を含む、IMF財政の総合的な分析が必要である。

早期警戒システムを含む金融危機の予防を中心とする経済監督のための機構改革（クォータ・ボイス）は、時間がかかる。4月の第2回G20サミットでは、その方向の確認がなされた。2011年1月までという比較的短い期間の設定が行われた。

5）日本の中長期的な政策・方策

今後アピールするためには、全体的な財源の試算が必要である。財源をどれにするか総合的な分析をすれば、評価される。

ただし、東南アジアの国を含めて、今回は各国が外貨準備を用意していること、投機筋が大きな影響を及ぼす可能性が低い、という以前と違う環境に留意するべきである。

金融危機の予防については、英国と同じく金融庁に一元化しており、機構面の整備は進んでいることはアピールできる。

監督内容については、基本方針として米国と同じく過度な規制には反対する。また、ユーロ圏諸国主導の規制基準同一化の強制には反対する。

参考文献

著者別
A．第2回 G20 金融サミット（2009年4月2日）以前
1）IMF 関係者
IMF（1996），IMF in Focus.
IMF（2008），"Future Role of IMF is debated as financial crisis takes toll," IMF Survey, November.
IMF（2009），Report of the Committee of Eminent Persons on IMF Governance Reform, 24 March.　http://www.imf.org/external/np/omd/2009/govref/032409n.pdf
UK Treasury（2008），"Financial stability and depositor protection: cross-border challenges and responses，"　Sept.
アイケングリーン（Eichengreen）（2003）『国際金融アーキテクチャー：ポスト通貨危機の金融システム改革』勝悦子他訳、東洋経済新報社　（著者は IMF 元上級アドバイザー）
（原著：Eichengreen（1999），B., Toward a New International Financial Architecture: A Practical Post-Asia Agenda, Institute for International Economics.）

2）シンクタンク、学者
Brookings Institution（2009），"What the G-20 wants: London Summit," 1 April.
Coffey P. & Riley R.（2006），Reform of the international institutions: the IMF, World Bank and the WTO, Northampton
Edwards, S.（2007），Capital Controls and Capital Flows in Emerging Economies, A National Bureau of Economic Research Conference Report, The University of Chicago Press.
Fratianni and Pattison（2008），"Perspectives on Co-operative Policy Solutions: The International Monetary Fund，" The G20 Leaders Summit on Financial Markets and the World Economy, G20 Information Center at University of Toronto（G20 Research Group）
Meltzer Commission（2000），International Financial Institution Advisory Commission Final Report, March, Washington. D.C.
Pallone, A. and Canard, M.（2006），The IMF, World Bank and policy reform, Rutledge.
Truman, E.M.（2009），IMF Reform: An Unfinished Agenda, （US）Peterson Institute for International Economics, January 28.
http://www.petersoninstitute.org/publications/opeds/oped.cfm?ResearchID=1106
Truman, E.M., ed.（2006a），Reforming the IMF for the 21st century, （US）Institute for International Economics.　（著者は元米国財務省高官）

Truman, E.M. (2006b), A strategy for IMF reform, Institute for International Economics（著者は元米国財務省高官）
Woods, N. (2006), The Globalizers: The IMF, the World Bank, and Their Borrowers, Cornell University Press.

ホームページ

Bretton Woods Project (2009), Country positions for the London Summit, 13 March.
    http://www.brettonwoodsproject.org/art-563944
G20 Information Center (2008), University of Toronto.
http://www.g8.utoronto.ca/g20/
Arora, Vivek (IMF Senior Resident Representative) (2008), Hand in Hand: IMF Collaboration with Developing Countries in the Financial Crisis, presentation at the ShARE World Seminar 2008 on A Changing World: Setting New Rules, at Peking University, December 22, 2008 (Power Point file)
http://www.imf.org/external/country/CHN/rr/2008/122208.pdf
IMF 中国事務所長のプレゼンテーション（2008 年 12 月 22 日発表）。

B．第 2 回 G20 金融サミット（2009 年 4 月 2 日）以降

Aso (Japan's PM) (2009), "Overcoming the Crisis: Japan's Efforts," 2 April.
http://www.mofa.go.jp/policy/economy/g20_summit/2009-1/effort.pdf
Braithwaitein, T. (2009), "IMF needs overhaul say global banks," FT.com, 13 April.
Bretton Woods Project (2009), "G20 'trillion' dollar magic trick: Reforms remain house of cards," 3 April.
Browne, J. (2009), G20 Summit, "What really happened in London," 8 April.
International Monetary Fund (IMF) (2009), "IMF resources and the G-20 Summit," 10 April.
Persaud, A. (2009), "G20 Summit: Reasons to be cheerful," VOX, 3 April.

ホームページ

http://www.brettonwoodsproject.org/
http://www.new-rules.org/members.htm

アルファベット順（上記以外）

Cornia, G. et al. (1987), Adjustment with a human face: Protecting the vulnerable and promoting growth, A study by UNICEF.
Goldman Sachs (2003), Dreaming with BRICS: The path to 2050, Global Economics Paper No:99..

Goldsbrough, D. et al. (IMF) (1996), Reinvigorating Growth in Developing Countries: Lessons from Adjustment Policies in Eight Countries, Occasional Paper No.139.

Goldsbrough, D. et al. (IMF) (2002), IMF (2002)," Prolonged Use of IMF Loans," Finance and Development.

Gould J. (ed.)(2005), The New Conditionality: The Politics of Poverty Reduction Strategies, Zed Books.

Harrigan, J. (1996), "Review Article - The Bretton Woods Institutions in Developing Countries: Betes Noires or Toothless Tigers?," The World Economy, Vol.19, No.6, (Nov).

IMF (Independent Evaluation Office) (2002), Evaluation of Prolonged Use of IMF Resources :Evaluation Report.

IMF/World Bank (2004), Summaries of ten country case studies undertaken as part of the IEO evaluation of the PRSP/PRGF and OED review of the poverty reduction strategy (PRS) process.

Institute of Development Studies (IDS) (1996), IDS Bulletin, Vol. 27, No.4. (A special issue of "Evaluating Programmed Aid").

Jacquet, P. et al. (ed.) (2002), Gouvernance mondiale, La documentation française.

Jolly, R. (1991), "Adjustment with a Human Face: A UNICEF Record and Perspective on the 1980s," World Development, Vol.19, No.12, (Dec.)

Killick, T. (1995), IMF Programmes in Developing Countries: Design and Impact, Overseas Development Institute, Routledge.

Killick, T. (1996), "Principals, Agents and the Limitations of BWI Conditionality," The World Economy.

Koeberle, S. et al. (2005), Budget Support as More Effective Aid?: Recent Experiences and Emerging Lessons (Practitioners' Forum on Budget Support), World Bank

Krugman, P. (2003), The Great Unraveling: Losing Our Way in the New Century (『嘘つき大統領のデタラメ経済』2004 早川書房)

Mills, C.A. et al. (1992), Analytical Approaches to Stabilization and Adjustment programs, EDI Seminar Paper No.44, World Bank.

Mosley, P. (1991), "The Philippines," Aid and Power: The World Bank and Policy-based Lending, Volume 2, Country studies, Routledge.

Mosley, P., Harrigan, J. and Toye J. (1991), Aid and Power: The World Bank and Policy-based Lending, Volume 1 Analysis and Policy Proposals, Routledge.

Overseas Economic Cooperation Fund (1991), "Issues Related to the World Bank's Approach to Structural Adjustment: a proposal from a major partner," OECF Occasional Paper No.1.

Oyejide (2000), "Agriculture in the Millennium Round of Multilateral Trade Negotiations: African Interests and Options," in Merlinda D. et al., Agricultural Trade Liberalization in a New Trade Round : Perspectives of Developing Countries and Transition Economies," World Bank Discussion Papers 418.
Paloni, (ed.) (2006),The IMF, World Bank and Policy Reform, Routledge.
Roberts,I.et al. (2000), "The Dynamics of Multilateral Agricultural Policy Reform," in Merlinda D. et al., Agricultural Trade Liberalization in a New Trade Round : Perspectives of Developing Countries and Transition Economies," World Bank Discussion Papers 418.
Rodlauer, M. et al. (2000), Philippines : Toward Sustainable and Rapid Growth Recent Developments and the Agenda Ahead, International Monetary Fund Washington DC.
Sakamoto, Koichi (1996), "Balance of Payments Support Aid in Japan: Evolution and Evaluation," IDS Bulletin, Vol. 27, No.4.
Schadler, S. et al. (IMF) (1993), Economic Adjustment in Low-Income Countries: Experience under the Enhanced Structural Adjustment Facility, Sept. Occasional Paper No.106.
Townsend, R. F. (2000), Agricultural Incentives in Sub-Saharan Africa: Policy Challenges, World Bank Technical Paper 444, p.77.
United Nations Economic Commission for Africa (1989), African Alternative Framework to Structural Adjustment Programmes for Socio-Economic Recovery and Transformation.
White, H. (1996), "Macro-economic Evaluation of Programme Aid: A Conceptual Framework," in Institute of Development Studies (IDS), IDS Bulletin, Vol. 27, No.4 (a special issue of "Evaluating Programme Aid").
White, H. and Dijkstra, G. (2003), Programme Aid and Development: Beyond Conditionality, Routledge.
Williamson, J. (2003), "From Reform Agenda to Damaged Brand Name," Finance and Development, September 2003.
World Bank (1981), Accelerated Development in Sub-Saharan Africa: an Agenda for Action.
World Bank (1988), Adjustment Lending: An Evaluation of Ten Years of Experience.
World Bank (1989), Sub-Saharan Africa: From Crisis to Sustainable Growth.
World Bank (1993), The East Asian Miracle: Economic Growth and Public Sector Development, Policy Research Report, Oxford University Press. (邦訳：世界銀行『東アジアの奇跡』)

World Bank (1994), Adjustment in Africa.
World Bank (1996), "Best Practice in Sector Investment Programs," Findings, December 1996.
World Bank (2001), Adjustment Lending Retrospective.
World Bank (2002), Work in Low-income Countries under Stress: A Task Force Report.
World Bank (2005), Review of World Bank Conditionality.
World Bank and UNDP (1989), Africa's Adjustment and Growth in the 1980s.

〔和文文献：国際金融関係〕
有吉章 (2003)『図説 国際金融』改定12版、財経詳報社
イギリス資本市場研究会編 (2006)『イギリスの金融規制-市場と情報の観点から-』日本証券経済研究所
上川孝夫・藤田誠一・向壽一編 (2007)『現代国際金融論（第3版）』有斐閣
大田英明 (2008)『「新」国際金融システムの課題：迫られるIMFの「構造改革」』東京経済情報出版
呉文二他 (2004)『金融読本』第25版、東洋経済新報社
酒井良清・鹿野嘉昭 (2006)『金融システム』第3版、有斐閣アルマ
坂元浩一 (2008)『IMF・世界銀行と途上国の構造改革：経済自由化と貧困削減を中心に』大学教育出版
坂元浩一 (2009)『新興市場国サーベイ-グローバル・スタンダードと構造改革-』大学教育出版
白井早百里 (1999)『検証 IMF経済政策 東アジア経済を越えて』東洋経済新報社
白井早百里 (2002)『メガバンク危機とIMF経済政策』角川書店
杉山敏啓 (2006)『金融の基本教科書』日本能率協会マネジメントセンター
田中素香・春井久志・藤田誠一編 (2004)『欧州中央銀行の金融政策とユーロ』有斐閣
田中素香・岩田健治編 (2008)『新・国際金融テキスト3 現代国際金融』有斐閣
毛利良一 (2001)『グローバリゼーションとIMF・世界銀行』大月書店
秦忠夫、本田敬吉 (2002)『国際金融のしくみ』有斐閣アルマ、新版
蠟山昌一 (1997)『証券市場読本』東洋経済新報社
渡辺信一 (2008)『入門新しい金融・ファイナンス』日本評論社

〔和文文献：上記の国際金融関係を除く〕
石川滋 (1994)「構造調整―世銀方式の再検討」アジア経済研究所『アジア経済』35巻11号。
石川滋編 (1996)『開発協力政策の理論的研究』アジア経済研究所。
絵所秀紀 (1991)『開発経済学：形成と展開』法政大学出版局。
大野健一 (2002)『途上国のグローバリゼーション』東洋経済新報社。
奥田秀信 (2000)『ASEANの金融システム：直接投資と開発金融』東洋経済新報社。

外務省（2005）『調整融資のレビュー－構造調整借款及びセクター調整借款の概観－』報告書、平成16年度外務省第三者評価、平成17年3月。
川中豪他編（2004）『民主化後のフィリピン政治経済資料集』アジア経済研究所。
国際協力事業団（1996）『マクロ経済指標マニュアル』
坂井秀吉他編（1990）『フィリピンの経済開発と開発政策』アジア経済研究所。
坂元浩一（1991）「サハラ以南のアフリカにおける構造調整―その実績課題―」、国際開発センター『IDC Forum』
坂元浩一（1996）『国際協力マニュアル―発展途上国への実践的接近法―』勁草書房。
坂元浩一（2000）「欧米主導でない日本独自の援助戦略を」『世界週報』時事通信社、2000年4月18日号
坂元浩一（2003）「日本の援助を真のアフリカ開発のために」『世界週報』時事通信社、2003年10月7日号
坂元浩一（2004）「フィリピンにおけるIMF・世銀主導の構造調整計画の実績」、日本国際経済学会全国大会発表
坂元浩一（2005）「アフリカ支援策は正しい処方箋なのか」（G8グレンイーグルズ・サミット特集）『世界週報』時事通信社、2005年7月12日号
坂元浩一（2005）「経済自由化と貧困の実態を見る：現地レポート・フィリピン最新事情」『世界週報』時事通信社、2005年10月18日号
坂元浩一（2006）「開発援助は貧困削減に寄与するのか：世界の「知」、東京で論戦」『世界週報』時事通信社、2006年7月4日号
世界銀行（2005）『世界銀行ガイド』田村勝省訳、シュプリンガー・フェアラーク東京。
スティグリッツ（2002）『世界を不幸にしたグローバリズムの正体』、徳間書店。
西島章次（2002）「ラテンアメリカ経済の現状と課題」西島章次他編著『ラテンアメリカにおける政策改革の研究』神戸大学経済経営研究所
原　洋之介（1996）『開発経済論』岩波新書。
原　洋之介（2001）『現代アジア経済論』岩波書店。
速水祐次郎（1996）『開発経済学：諸国民の貧困と富』創文社。
細野昭雄（2002）「ラテンアメリカにおける改革と制度の構築：主要国の比較分析」西島章次他編著『ラテンアメリカにおける政策改革の研究』神戸大学経済経営研究所
野沢勝美他編（1990）『フィリピンの規制緩和政策』アジア経済研究所。
柳原　透、三本松進編（1997）『東アジアの開発経験』アジア経済研究所。
矢内原　勝（1994）『世界経済：歴史・理論・現状』文眞堂。
矢内原　勝（1995）「サハラ以南アフリカ諸国の経済開発のなかでの政府の役割」『国際経済論集』常葉学園浜松大学、第2巻第2号、1995年12月。
矢内原　勝編（1996）『発展途上国問題を考える』勁草書房。

付録
ホームページの利用方法

以下は、IMFの年次総会などへのアクセスの方法である。

（2009年12月25日現在のホームページ）
IMFのホームページ：　http://www.imf.org
ステップ：
① 画面右上のsite index（目次）をクリック
② Annual meetings（年次総会）をクリック
③ そうすると、過去および今後の年次総会（秋開催）と春季総会（spring meeting）の両方のスケジュールが出る。2009年4月にワシントンD.C.で開催されたSpring meetingをクリック。
④ 2009年4月の春季総会の画面において、左上のSchedule of Eventsをクリックすると、詳しい日程が出てくる。

同様に、2009年9月の第3回G20サミット後の10月のスケジュールもわかる。

特集1
IMF改革を中心としたイギリス、フランスでのインタビュー（2009年2月）

1．面会者

2009年2月19日　10～11時
　イギリス　金融サービス庁（FSA）　官僚（国際戦略・政策調整担当）
　Mr. Terry Allen
　International Strategy and Policy Coordination
　Strategy and Risk
　Financial Services Authority（FSA）

2月20日　10時30分～11時45分
　オックスフォード大学　経済学部　教授
　Mr. David Vines, Professor of the Department of Economics, Oxford University

2月20日　12時～13時
　オックスフォード大学　ユニバーシティ・カレッジ　教授
　Ms. Ngaire Woods, Director and Founder of Global Economic Governance Programme,
　Professor of University College, Oxford University
　・ブラウン首相のブレーンの一人である。1週間前に首相などを囲む会議に出席。

・IMF の内部評価を行なったことがある。途上国を含む国際的ネットワークを持つ。

2月24日　2時30分～3時30分
　パリ大学（第1）　助教（金融部門研究者）

2月25日　11時～12時
　パリ大学（第8）　教授（経済学、金融専門家）
　Mr. Olivier Pastré, Professeur de Université de Paris 8
　2006年に財務相に対して銀行部門について提案を行なった。

2．聴取内容

（1）　イギリス金融サービス庁（FSA）専門家の発言
金融危機の予防～早期警戒システム（EWS）について
- 以前から確立した EWS があったわけではない。EWS はまだシステムとして確立しておらず、各関連機関の業務内容もまだ確定していない。現在、IMF と金融安定フォーラム（FSF）の業務分担の内容が決まるのを待っている状況である。
- EWS の強化としては、マクロ水準の規制とミクロ水準の規制をどう統合するかという点が重要である。
- 早期警戒自身難しい。たとえば、200 の指標があがってくるとして、どの指標がどうなったときに警戒すべきかの判断が難しい。
- College of Supervisors は進んでおり、いくつかのカレッジができた。米国と違って、supervisor は FSA にデスクがある。

（2） オックスフォード大学2教授の発言
1） オックスフォード大学 VINES 教授の発言
クォータ及びボイス改革について
・自分は専門ではないが、クォータ改革は抜本的に行なわれるべきである。
・G7・G8 の枠組みを支持しない。今後は G20 でいくべきである。
・1944 年のブレトンウッズ協定の際に、米国の圧力で英国は十分なシェアを確保できなかった。シェアの確定には時間がかかるだろう。

金融危機の予防～早期警戒システムについて
・EWS の意義に懐疑的である。やるとしたら、マクロ水準の規制とミクロ水準の規制をどう統合するかという点が重要である。
・FSA は今回の危機を予見できなかった。

その他
・英国がユーロに加盟する可能性は低い。国民の総意であり、野党も同様の意見であろう。
（坂元補足説明：ユーロ圏の規制制度統一は容易であろうが、金融覇権を持つ英国が加わらなければ国際的な制度統一は難しいだろう）
・ブラウン政権は G20 などでポイントを上げようとしているが、今後の選挙で破れるだろう。

2） オックスフォード大学 WOODS 教授（首相のブレーン、1週間前に首相などとの会議に出席）の発言
日本の IMF 改革について
・これまでの日本政府の IMF 改革への努力を評価する。サイレントな取り組みであるが。
・これまでの定例（5年毎）のクォータ改革で最も強力に改革を主張したのは日本であり、その結果として日本はわずかなシェアの増大しか得られなかったという厳しい現実もわかっている。英国やフランスなどは、これまでその

ような努力をしてこなかった。
- 専務理事選出の改革については、日本政府が特別の委員会（？）をIMFに設けて、日本人議長が主導してガイドラインをまとめた。ガイドラインは実行されてきていないが、その内容は会議（理事会？）で評価された。

クォータ及びボイス改革について
- これまでのクォータ改革において、アメリカが、まず欧州にシェア再構築をすることを求めて、その後に米国のシェア確定に応ずるというスタンスをとってきた。米国に不信感を持つ欧州は先に改革をすることをしなかった。
- 欧州はまとまってVOTEをひとつにするべきである。
- イギリスとフランスのIMF改革に関わる全体的な主張は同じであるが、唯一の違いは以下。フランスが総務会と理事会の間にCOUNCILを設けてそこで戦略的な判断ができるようにするという提案をしている。これは、IMF自身の改革委員会（南ア財務相が座長）の提案である。総務会は年に1回しか開かれない。

（坂元補足説明：毎週開かれる理事会で理事国の圧力がかけられるのを防ぐために、理事会はIMFの業務の詳細に介入すべきでなく、なるべくIMFスタッフにまかせるべきであるという識者の意見が多い）
- G7・G8の枠組みを英国もその他欧州諸国も支持しない。米国政権もそうだろう。今後はG20でいくべきである。

金融危機の予防〜早期警戒システム（EWS）について
- EWSは無駄な（inutile）試みである。1週間前の首相などとの会議でEWSについて議論したが、財務省官僚を含む出席者のコンセンサスは、EWSは無駄な試みである、ということだった。首相チームだけが固執した。
- ブラウン首相に対して、10年前からEWSに反対してきているが、かれは聞かない。EWSを彼が唱えているのは政治的な判断によるものだろう。理由は、EWS導入を主張しなければ、強い規制を導入せざるをえないということになる、と思っているようだ。

・他教授は、金融危機の予防としてマクロ水準の規制をミクロ水準の規制と統合すべきだと常々主張しているが、反対である。これまでの IMF を中心とする体制でうまくいかなかったではないか。
・EWS より FSAP の実施を強制的なものとして、米国や中国も実施するべきである。
・FSF に各国の多くの省庁の代表者が出席するが、各国 1 人の代表者が出るようにするべきである。
・イギリスは厳しい規制を導入しないだろう。英国はシティの金融部門に依存しているからである。

融資制度（日本への提案）について
・4月の G20 会議は、IMF の財源を確保するまたとないチャンスである。世界的に流動性が不足している今、IMF 財源の拡大を図るべき絶好の機会である。実行が容易な SDR の大幅な創出を、日本政府も提案したらどうか。米国議会の承認が得られるかわからないが、トライしよう。1.5 兆 SDR の創出は可能である。
（坂元補足：日本政府が IMF に貸与するのは 1000 億ドル）。
・ブラウン首相は、SDR 創出に加えて、出資額増額、GAB など通常の借り入れ、日本提案の新たな拠出などすべての財源増加のオプションを検討している。

（3） パリ大学教授等の発言
1） パリ大学（第1）助教（金融部門研究者）の発言
金融危機の予防〜早期警戒システムについて
・フランスの金融制度は、英国やドイツと異なる。フランスは南欧型で、日本は英独型。規制制度の統一には時間がかかる。
・フランスは、英国 FSA と違って、規制を中央集権化していない。中央銀行の外局の銀行委員会が銀行部門の規制を担当している。中央集権化する方向にはない。

2） パリ大学（第8）教授（経済学、金融専門家）の発言
総　論
・基本方針として、金融改革ではなくて、経済浮揚を最優先すべきである。
・自分はサルコジ大統領に批判的だが、昨年のかれのEU議長としての活躍なくして、これほどまでに欧州はまとまらなかっただろう。

クォータ及びボイス改革について
・G7・G8の枠組みを支持しない。アメリカと中国の経済規模の大きさを所与として、フランスも日本も協調して国際経済制度改革を進めていくべきである。
・昨年末IMF専務理事は定例（5年毎）のクォータ改革に固執したが、抜本的な改革にすぐ取り組むべきである。

金融危機の予防〜早期警戒システムについて
・イギリスとフランスの金融規制に関わる考えは基本的に異なる。しかし、ブラウン政権が、規制に協調的であることを評価している。
・欧州の大陸諸国の金融制度は異なっており、統一に時間がかかる。

特集 2

中国出張報告
（2009 年 7 月）

1．北京からの報告：G 3 → G 7 / G 8 → G 20 → G 2 ？

パリとワシントンからの眼差し

　北京訪問の 5 か月前、2009 年 2 月 25 日、筆者は、パリ市内、セーヌ川に近いパリ大学教授の私邸において、今回の世界金融危機における国際金融制度改革についてインタビューを行った。グラス片手に教授が冒頭述べたこと、それは「アメリカと中国の 2 か国はスーパーパワーである。かれらに比べれば、フランスも日本もあまりに小さい。両国は協力して、他の国々と一緒にこれらの大国に対処するべきである」。

　リーマン・ブラザーズが破綻した 2008 年 9 月 15 日から 2 か月後の 11 月 15 日に G 20 金融サミットがワシントン D.C. で開催された。日本政府は同年 7 月にサミット（主要 8 か国首脳会議）を洞爺湖で開催しており、同年の政策担当国として G 8 主体の会議開催を図るが、それを阻止して G 20 サミットを実現させた立役者はフランスのサルコジ大統領である。

　1964 年に西側ブロックの主要国として最初に共産中国と国交樹立して、米国などに衝撃を与えたフランス。G 20 のワシントン会合の記者会見で米英の金融覇権に対して「アングロ資本主義は終わりだ」と断言したサルコジ氏。政治的にもアングロ陣営に対峙するフランスは、世界金融危機を引き起こした米英の大失態に乗じて、中国との連携をひとつの重要な外交軸としている。

　一方、筆者が中国に滞在中の 7 月 27 日、28 日に、ワシントン D.C. で、初めての米中戦略・経済対話（Strategic and Economic Dialogue: SED）が開催され、新聞や TV で大きく報道された。2006 年から米中両国は 2 年に 1 回の頻度で

経済面の対話を始めていたが、第2回G20ロンドン・サミットでのオバマ大統領の胡主席への提案で、安全保障など外交面も加えることになったのである。

2009年4月2日のサミットの3か月後の開催であり、中国側からは総勢150人、閣僚級20人がワシントン入りした。アメリカ側では、戦略会議の共同議長をクリントン国務長官（外務大臣）がつとめ、経済会議をガイトナー財務長官が率いた。

世界第2位の経済大国は中国

日本経済が躍進を遂げた1970～80年代。アメリカとの間で厳しい貿易摩擦が続く。この間、3大国（G3）「機関車論」が幅を利かせた。アメリカと貿易黒字が大きい日本とドイツの3か国で、世界経済を引っ張ろうということである。もちろん、日独は輸出依存でない内需主導型の経済への転換をアメリカから迫られた。

その後、1975年に当時のジスカールデスタン仏大統領がランブイエ城で初めて開催したのがG6サミットである（翌年カナダが加わってG7）。今回のG20会合で主導権を握る仏独連合は、既に2007年のドイツでのサミットで、「ハイリゲンダム・プロセス」を導入して、1998年にロシアも加わったG8サミットに新興市場国の代表5か国を呼んで経済協議をするようになった。その後、中国の主席も毎年招かれることとなった。中国を筆頭とする新興国なしに世界経済を論じることができなくなった現実を直視した仏独の戦略である。

中国の経済規模は2008年に世界第3位のドイツを抜き去り、外貨準備高において2006年に日本を抜いて世界一となった。また、世界貿易機関（WTO）の予測では2009年にドイツを抜いて世界一の財（生産物）輸出国となる。

2010年代には日本のGDPを抜くのは確実視されている。2003年に、アメリカ証券トップのゴールドマンサックス（GS）は、2040年過ぎにはアメリカを抜いて世界一の経済大国になると予想している。GSのレポートで取り上げられたBRICs（ブラジル、ロシア、インド、中国）は、その後定着して、BRICs投信まで販売されている。

ところが、中国の実力はもっとすごいのである。上記は価格の上昇を含む名

目額の変化で見ているが、価格分を除いた実質額、すなわち量でみると、中国は既に世界第2位の経済大国である。国際通貨基金（IMF）が年に2回発行する「世界経済見通し」の付録で一番初めにくる表（本書の表1-4）によれば、中国のGDPは日本の1.8倍である。これが、世界のリーダーや投資家たちが見る世界経済構造なのである。例えば、工場を建設するのであれば、賃金や物価の高い日本でなくて、中国を選ぶべきである。また、実質額は現実の購買力も示し、そこには巨大な市場が存在しているのである。

米中戦略・経済対話では、二国間の問題だけでなくて、世界の問題に対して両国が今後一緒に対処していくことが決められた。具体的には、経済面では、世界金融危機脱出のための景気刺激策、地球気候変動、クリーン・エネルギーなどである。両国は世界第1、第2の二酸化炭素排出国であるが、今後リーダーシップをとっていくとの合意に達した。

異なる東京からの眼差し

筆者が北京で会ったのは、国立の2研究機関の教授や研究者である。米中戦略・経済対話に関する新聞記事では、両機関の研究者がそれぞれコメントしていた。

かれらとの会合は、2007年の東京、2008年の北京に続いて、今回が3回目である。ものすごいスピードの英語や流暢な仏語をしゃべる国際派揃いである。中国と日本に関連した国際関係全般や対途上国への経済協力に関して、フランクに話ができるのは有難い。

前年からの議論の続きでかれらが注目する点は、今日の中国の台頭に対して日本がかなり警戒しているのではないかということである。率直に言えば、かれらは日本が中国をライバル視していることに懸念を示している。

筆者の滞在中開催された米中戦略・経済対話について、テレビでＧ２に関わる特集プログラムが組まれたが、そこでも日本との関係が必ず取り上げられていた。

日本側にとっての対中関係での重要な事件は、2005年の国連安全保障理事会への日本の常任理事国としての立候補であろう。明白なことは、中国政府が

日本を常任理事国にすることに反対したことである。

　日本政府がODAの供与によって期待したアフリカ諸国からの支持が集まらなかったことが痛手となった。日本支持にまとまらなかったのは、アフリカ諸国間で代表国を安保理に推薦する動きがあったこともあるが、中国政府がミッションをアフリカ各国に派遣して日本を支持しないように説得したと言われる。

　対アフリカ経済協力でも、日本政府が1993年から5年ごとに東京アフリカ開発会議（TICAD）を開催して各国の首脳を招待しているが、中国は2000年より中国・アフリカ協力フォーラム（FOCAC）を開始した。FOCACは3年に1回開催される閣僚レベルの会合であるが、2006年の北京会議だけはサミットも開催されて、アフリカ53か国から35人の元首が集まった。2008年のTICADにおいて、日本政府は中国を上回る首脳の招聘に奔走したという（40元首参加）。FOCACは2009年11月にエジプトで開催された。

　加えて、アフリカは、経済面でみて鉱物資源確保のために両国にとって重要である。年率10％程度の経済成長を続ける中国の資源外交は近年活発であり、それに対する競争意識が日本側にある。2008年9月、筆者は、中国に加えて南アフリカを訪問して、外務省で話を聞いたが、中国と同国は経済・貿易面での協力関係を強化している、とのことであった。

　G20サミットの大きな議題のひとつは、本書の5章で論述したIMF改革である。その機構改革の骨子は、西側諸国が実権を握る理事会の体制を改めようということである。具体的には、現在の各国、各地域の経済力を反映するように、議決の票数を決める出資額ないしクォータのシェアを変えようということである。

　IMF内部の委員会の提案のひとつは、アメリカ、日本、ドイツ、フランス、イギリスの5か国を任命理事となっている体制を廃止しようということである。第2次世界大戦後のブレトンウッズ協定で一緒に設立された世界銀行についても、日本が第2位の拠出国であるが、同じ改革が進んでいる。IMFと世界銀行は、サミット、G7のバックの下に、世界経済、特に途上国経済を経済自由化の強制などを通して牛耳ってきた。

　ここで筆者が揶揄すると、これら2機関で日本が任命理事であることは、「経

済面の安全保障理事会の常任理事国」であるということである。中国の国連安保理に関わる反対、同国の経済力の台頭、そしてG20の登場で、日本の国際社会における地位が大きく揺らいでいると言えるだろう。

中国側の日本への思い

中国の知識人からは、日本と中国が協力して行動できないのか、例えばアフリカなど途上国に対する協力において協調してやっていけないのか、と問われる。日本のODAが東南アジア諸国の経済発展に貢献したことにより、日本政府はアジアの開発経験をアフリカに伝えることを比較的長く進めてきているが、それは今日、中国がアフリカ諸国に移植しようとしていることと同じである（面会者の話）。筆者が面会した教授などは、欧州、アフリカでのセミナーで、中国の援助への批判を含めて、欧米の識者と率直な意見交換を行っている。

かれらに対して、筆者は、2008年9月にタイ国外務省で行ったインタビューを引用しつつ、その前に筆者が関わった日本、タイ両国政府によるアフリカ支援の業務内容を伝えた。日中でも是非やろうとの賛同をえた。

かれら識者との対話で感じるもうひとつの点は、かれらが冷静に見て中国の力を過大視すべきでないと思っているということである。経済規模でこそ世界第2位に躍り出たが、未だ発展途上経済であると素直に認めている。国内の西部地域及び大都市の貧困の現状、技術水準の低さを正しく認識している。このことは、天津において、夕食後サロン風の喫茶店に場所を移して、夜10時過ぎまで意見交換した大学教授なども強調した点であった。

この驕りのない態度は、反面、今後の中国のさらなる発展につながるだろうと思う。天津で歓待してくれた開発系シンクタンク研究員からの言葉、「先生が書いたものは何でも下さい。英語のものがありがたいですが、日本語の書いたものを何でも送ってください。すべて訳して学ばせていただきます」。かれらと対話をしていてひしひしと感じるのは、真綿に沁みるように知識を吸収しようとする態度である。これは、かつて日本のお家芸であった、QCサークル（生産性向上）の中国の工場における熱心さにもつながるものであろう。

オバマ氏引用の孟子の言葉の後に来るもの

　最後に筆者が考えることは、中国を特別視せず、多方面で率直に意見交換をするべきだろうということである。サルコジ大統領は 2008 年 11 月に G 20 サミットで中国と共闘しながら、翌月にチベット独立指導者のダライ・ラマ氏と面会して、中国側から中仏サミット、中仏国交樹立 45 周年式典、中国—EU サミットをボイコットされた。しかし、G 20 ロンドン・サミットで同大統領と胡主席は会談を持ち、今後の協力関係が確認された。2008 年は日仏交流 150 周年でありながら、2007 年 5 月に就任した同大統領は日本を正式訪問していない。

　また、米中戦略・経済対話は協調ムード優先だったため、対立する事項は軽くしか扱われなかったが、中国経済の自国優先の経済運営が及ぼす世界への悪影響は、これまでのアメリカ政府による批判にとどまらず、世界中から指摘されてきた。

　経済面での同国の特殊性は、為替レートへの人為的操作による過小評価ということである。日本で自明の中国製品の安さは先進工業国への脅威にとどまらない。筆者は 1980 年代からこれまでに 20 弱のアフリカ諸国を訪問してきたが、経済自由化の一環で輸入自由化が導入されると、安い中国製品がこの大陸のどこでも侵入してきて国内産業を淘汰するのであった。上海の南の杭州には、アフリカとリンクされた市場があり、アフリカ人バイヤーが多数訪れるという。

　主にアメリカからの厳しい批判で、中国側は、US ドルとの固定レートを 2007 年 5 月から今日までに 20% 程度切り上げてきた。しかし、未だ過小評価されている。2009 年に IMF と加盟国間の定期経済対話、通称 IMF 4 条協議が中国について行われた。日本とアメリカについては、2008 年に実施された。

　2009 年 7 月 22 日に公表された中国に関わる IMF 理事会報告に関して、翌日記者との電話会議が行われた。その中で、中国を 5 月と 6 月に訪問した IMF ミッション・リーダーは、「大幅な元安」と明言している。しかも、世界金融危機に対処すべく 2008 年秋に大規模な景気刺激策をとっていることは評価しつつも、かつて日独が求められた内需主導型経済への転換に十分に取り組んでいないと指摘している。

2009年7月末の米中戦略・経済対話の歓迎式典で、オバマ大統領は、孟子の「尽心章句」の一節を引用して「山中の小道は、人が通れば、すぐ道となる。しかし、人が通らなければ、すぐ草（茅(かや)）で通れないようになってしまう」と述べた。そして、大統領は「われわれの仕事は、子供たちのための将来への道を作ることである」と呼びかけた。

　ところが、孟子の原文には、引用部分に続いて、「いま茅があなたの心をふさいでいる」とある。すなわち、相互理解の努力を常に続けなければ、両国は不信の念を持つようになるかもしれないのであり、これまでの中国側の対応を暗に批判しているようである。

　日米構造会議が始まったのが1989年。続いて日米包括経済協議が1992年から始まる。両国の構造改革を図るとはいえ、アメリカが日本に対して、金融サービスや政府調達から皮革製品や港湾荷役業務までと、ミクロ水準までの対外開放を求めて、両国間で激しい応酬があった。

　日本が米欧主導の国際社会の真のメンバーになるためにこれまで苦労してきたこと。また、政治的、軍事的に力のない日本が、米欧に伍して中国を含めた途上国の経済開発に協力してきたこと。多くの中国人も賞賛するこれまでの工業発展と技術開発。Ｇ７の一員としてだけでなく、同じアジアの国として、日本が中国に対していろいろな面でその経験を話し、相互にさらに意見交換と研鑽を行い、一緒に世界に対して貢献できるのではないかと考える。

　中国滞在中、天津の夕食会と夜更けのサロン、翌日の昼食会で、何回となく、全員でグラスを傾けて乾杯した。客人たる筆者の訪問を歓迎して！　客人の健康を祈って！　調査研究の成功を祈って！　両国の友好関係の発展を祈って！

　中国の人は礼儀正しく信義に厚い。日本のこれまでの援助に対しても何度となくお礼を言われた。つくづく、同じ漢字を使い、文化面でも十分に尊敬しあえる両国の国民が、その人的関係をさらに緊密化すれば、それが世界の問題解決の大きな礎になると思う。

2．天津からの報告：早くも世界金融危機脱出か？

新幹線より早い高速鉄道

1978年10月、当時の中国共産党副総理の鄧小平翁（当時74歳）が、日本を訪問した。訪日の目的は、日本の近代的な生産の様子を視察することであった。10月26日、鄧小平氏と卓琳夫人は新幹線「ひかり81号」に乗って東京から京都へ向かった。翁曰く「（あまりの速さに）まるで腰を鞭で打たれているようだ」。

それから30年後、2008年8月1日、北京と天津を結ぶ中国で初めての高速鉄道が開通した。同月8日開催の北京オリンピックと軌を一にしたプロジェクトの実現であった。

筆者は2009年7月28日に、この高速鉄道で天津から北京に向かった。乗車して10分過ぎには、時速200km台に乗り、そしてすぐ300kmを突破した。なぜわかるかというと、小奇麗な客室の前方の上に、速度が出るようになっているのである。

筆者はまるで自らが操縦しているような錯覚に陥り、窓外の景色も見ず、ひたすら速度をにらみつづけた。310km、315km、320km、315km……。世界最高速度350kmまで出るという。当日は328kmが最高であった。

満員の電車は、15時20分に乗車して、15時50分に北京に着いた。天津―北京間110.5kmの距離をわずか30分。それまで快速で1時間半かかるのが大幅に短縮された。筆者は北京入りした前日、中国人3人の車で天津に移動したが、渋滞もないのに2時間以上かかっていた。

乗車券は58元、1元が15円として、870円であった。車内に無料のミネラル・ウォーターのペット・ボトルがあり、商品名はTibet Spring。北京市中心の常宿のホテル近くの小奇麗なコンビニでは、550ml（500ではない）のボトルが30円程度である。

鄧小平は、新幹線に乗車した同年12月の第11期三中全会で政権を取り、改革・開放政策が開始した。それから30年、中国の経済発展は素晴らしい成果

を挙げた。2008年の北京オリンピックがハイライトであり、2010年には上海万博が開催される。

まるで日本の発展を40年遡ったようである。すなわち、日本が朝鮮戦争の特需で生産水準が戦前の水準に達した1955年から1970年代初めにかけて高度成長を実現する。1968年には資本主義世界第2位の経済大国に躍り出た。その華は1964年10月10日からの東京オリンピックであり、新幹線開業が10月1日である。大阪万博は1970年に開催された。

当時の東海道新幹線の最高速度は時速210kmであったが、中国は、日本の援助を受けながらも、ドイツのICE、フランスのTGV並みの時速300～350kmを目標にしてきた。今後、北京―上海間1,300kmを5時間あまりでつなぐ高速鉄道が開通する予定である。

驚異の中国の経済成長

今日の世界金融危機を打開するために、G20サミットでは各国が一致団結して景気刺激策をとることが決められた。特に、第2回ロンドン・サミットでは、より大きな財政刺激策をアメリカが要求して、積極的な米英日と消極的な独仏の対立があった。

他方、日本政府は早くから大規模な刺激策をとっていたが、G20サミット開催の2008年11月15日の前、9日に発表した中国の同規模の刺激策(57億円)も評価されることとなった。世界金融危機からの経済回復に、中国の経済成長が期待されているのである。

筆者の中国滞在中に会った経済・ビジネス関係者の多くは、世界金融危機の成長への悪影響はあるものの、それが軽微であることを報告した。多くが自国経済に自信を持っていた。

まず筆者が北京に到着する直前、7月16日に2009年の上半期（1～6月）の経済成長率が発表されたが、同時期を前年に比べて年率7.1％の成長である。1月発表の政府目標、年率9％を下回るが、IMFの7月発表の年間予測では7.5％と、4月の6.5％から引き上げている。同じIMFの予測では、日本はマイナス6％である。

地域的に見ると、中国の成長率の高さが驚嘆に値するのがわかる。天津の開発区のシンクタンクによれば、人口1,100万人の天津のGDPはなんと26％の上昇である。前年に比較すると1％の低下でしかないという。

　天津は、人口1,600万人の北京と京津経済圏を構成するが、遼寧省の大連、河北省、山東省の青島などの環渤海経済圏に隣接している。中国の対外開放のモメンタムは、まず広州を中心とする華南から始まり、次に上海を中心とする長江経済圏、すなわち華中が中国経済の最大の牽引地域となった。そして、中国政府として沿海地域で最も力を入れているのが京津経済圏と環渤海経済圏の華北地域ということになる。

　こうしたわけで、前述の高速鉄道の開業は北京—天津間であり、天津にも経済特区が設けられている。筆者が訪問したのは、天津港に隣接する濱海（Binhai）経済新区である。その中には天津経済特区（TEDA）があり、世界トップ500社中89社、外資1万5,000社が進出している。

　モトローラは2007年のランキングで第2位の投資企業であり、エアバスは2008年に欧州以外で初めてこの地域に飛行機の組立工場を設けることにした。トヨタの工場もある。

　驚異的なのは投資のすごさである。天津、河北、山東省の投資額は対前年比なんと50％の伸び率である。アジア開発銀行の年鑑Key Indicatorsのマクロ指標でみると、2005〜2007年の期間において、中国全体のGDPに占める投資の比率は50％程度もあり、個人消費を上回っているのである。

　面会したシンクタンクの関係者の話では、天津地区の成長率が高いのはそのベースが低いからである。なるほど、2005年に、筆者は上海から江蘇省の省都、南京までの270kmを車で走ったが、依然として外国投資が最も多いのが上海、江蘇省、浙江省である。しかし、北京投資委員会の話では、天津は上海や北京より賃金水準が低く、これからより多くの投資が向けられるだろうということである。GDPに占める比率は、華南の広東省が10％強で抜きん出ているが、上海と江蘇・浙江2省の20％とも比較して、天津は2％とまだまだこれから伸びる余地がありそうである。

　全国で見ても最高水準の投資がこの地域に向けられているのである。その呼

び水は政府によるこの地域への重点的な施策である。シンボリックな例は、スイスの民間団体、世界経済フォーラム（WEF）の会議誘致がある。WEFは定例の会議、通称ダボス会議を毎年1月にスイスで開催する。ダボス会議は、世界の政界、政府関係者、多国籍企業のトップが胸襟を開いて議論する場として有名である。

中国は2007年より夏のダボス会議を誘致しており、2008年に天津で開催した。2009年9月の大連会議には、世界のリーダー約1,000人が集まった。

世界の牽引車は中国か

1978年10月に来日した鄧小平副総理は、新幹線で京都に向かった2日後、10月28日に松下電器産業（現パナソニック）の大阪市茨木のテレビ工場を視察した。小雨の降る中、工場の正門で出迎えたのが83歳の松下幸之助氏であった。視察後、副総理に近代化の支援を請われ、松下氏は全力で支援するという「君子の約束」を結んだ。翌年、国賓並みに中国に迎えられた松下氏は、技術協力プロジェクトを締結した。同社は1986年に合弁会社を設立、2009年時点では実にパナソニックグループの54社が活動中である。

1981年と早くから進出したのが、資生堂である。現在では8,000人の中国人を雇い、地方にも進出している。同社北京事務所長の話として、2009年においても、世界経済危機をものともせず、20%の売上増加を目指すということが報じられた。

筆者は2008年9月に同社の工場を視察する機会を得たが、中国企業との合弁による「オ・プレ」ブランドは有名である。フランス語のAUPRESで「○○のそばに」という意味である。この会社は、他の世界の同業者をさしおいて、優良企業として政府から補助金を受けているとのことであった。

2001年12月のWTO加盟後、日本企業の投資は、それまでの輸出基地としてではなく、中国の国内市場向けに大きく切り替わった。2009年1～6月の外国投資については、香港と台湾を除くと、アメリカに次ぐのは日本である。

しかし、中国国内での競争は激烈である。主要企業についてはドイツなど欧州諸国に比して出遅れており、乗用車についても2007年の投資トップ10に

フォルクスワーゲンが2社入るが、日本企業の最高位はホンダの合弁企業の18位である。資生堂ブランドはアジア人の肌に合うとして受け入れられてきたが、中国人女性の所得上昇に伴い、ロレアルなど欧米勢に苦戦を強いられているという。

筆者の算出では、2007年の1人当たりGDPは全国平均が2,700USドルであるが、上海が9,000ドル、北京が8,000ドル、天津が6,000ドルの水準にある。GDPから外資の利潤本国送金などを差し引いた同年の国民総所得（GNI）は、世銀「世界開発報告」では2,360ドルである。

2005年に筆者が訪問した上海市部の所得は1万ドル以上の水準にあるといわれる。筆者の勤務する学部には中国人学生が多くいるが、上海出身の学生はモダンである。個人主義も徹底しており、日本人学生と同じ雰囲気である。ゼミの女子学生は、ご飯が嫌いでパスタが大好きであった。上海は外資のショーウインドウであり、セブン・イレブン、吉野家など外食産業も進出している。

しかし、7月16日のGDP速報と一緒に発表された国家統計局の分析によれば、今後の発展に厳しい見方をしており、構造改革の徹底など多くの国内要因を挙げている。一方、経済発展に伴う賃金上昇は既に顕著で、中国の国際競争力は失われつつある。

筆者は中国訪問の4か月前、2009年3月にベトナムのハノイで調査を行った。その際に、フランス商工会議所でインタビューを行なった。フランス企業が、中国政府の規制の不透明性と賃金の上昇に嫌気してベトナムに生産拠点を移しつつある、とのことであった。筆者は、以前インド政府商務省貿易振興局に勤務したことがあるが、今日では繊維・衣服業の比較優位がインドに傾いているのは確かであろう。

今回の中国訪問時、天津のシンクタンクでも、世界金融危機により華南の弱小の中小企業は海外の需要低迷で倒産を余儀なくされ、多くの失業が出ているとの報告を受けた。中国人研究者は、技術力の低さも含めて、中国経済の脆弱性を強調していた。

しかしながら、中期的には中国経済の経済力は強いと言える。先述のIMFにおける7月23日の記者との電話会議において、記者が世界危機の失業への

影響を聞いた。IMF 派遣団は 2009 年 5 ～ 6 月の中国訪問時に、失業への影響をつかむため独自に精力的に情報収集をしていた。長江経済圏の後背地で、労働排出地域である安徽省（Anhui）で、政府関係者のみならず、企業家、労働団体などと面会している。同省の 2007 年の人口は 6,000 万人、1 人当たり GDP は 1,600 ドルである。

IMF 派遣団長と中国事務所長の回答を読むと、中国人労働者が大陸内を実際にどのように動いているのかわかって興味深い。以下がかれらの発言の要旨である。

① 沿岸地域での輸出企業不振による失業者は、内陸地域の高成長拠点を求めて大陸内を移動している。政府の公共事業で内陸部の成長率が高くなっている。
② 中国珠江河口の広州、香港、マカオを結ぶ三角地帯を中心とする「珠江（しゅこう）デルタ」の輸出企業からの失業者は、国内市場向け製品を生産する上海を中心とする長江経済圏に移動している。
③ 一部の失業者は、低賃金で再度輸出企業に再雇用されているようだ。

2008 年 11 月 9 日に中国政府が発表した 57 兆円の景気刺激策について、中央政府支出は 4 分の 1 しか占めないことがわかり、その効果に疑問符がつけられた。しかし、どうも中国の内陸部を含んで大陸の至る所で導火線に火がついているような印象である。

記者の質問に答えて、IMF 派遣団長は中国政府にはまだ財政出動の余裕があり、2008 年秋の大規模な景気刺激策に続いて、2010 年まで追加措置をとることが可能だろうと述べている。

IMF が 2009 年 4 月の春季総会、そして G 7 会議に提出した報告書『世界経済見通し』によれば、2009 年、2010 年の中国の経済成長率はそれぞれ 6.5％、7.5％である。その後、2011 ～ 2014 年の期間については、高度成長に戻り毎年 10％である。この間、日米は 2 ～ 3 ％、ユーロ圏は 2 ％程度の成長にとどまる。

世界金融危機のトンネルから抜け出す一番手は間違いなく中国である。国内の新規雇用創出のために少なくとも 8 ％の経済成長率が必要とされており、中国の中央政府と地方政府は間違いなく一段の景気刺激策をとることだろう。

筆者は、北京市のショッピング街の王府井の書店に水曜日午後に行ったが、5階までの各階は多くの人でひしめいていた。書店前は歩行者天国となっており、多くの人でごった返していた。また、大通りに面する近くの近代的なビルには、ヨーロッパのブランド店が軒を並べて、資生堂の合弁会社、AUPRESもお店を出していた。
　中国の都市部は、ロストウの発展段階説の「高度消費社会」に入っていると言えよう。また、政府が景気刺激策として農民の消費への補助金を導入したが、その対象はカラーテレビ、冷蔵庫、そして携帯電話である。

付属資料
G20ピッツバーグ・サミットの首脳声明
(2009年9月)

（1）強固で持続可能かつ均衡ある成長のための枠組み
- 短期的には、経済刺激策の実施を継続。財務大臣に、国や政策手段の種類により規模やタイミング等が異なることを認識しつつ、協力的で調和した出口戦略の作成を11月会合において継続することを指示。
- 我々の目標は、雇用等のための改革を実施し、財政の責任と持続可能性にコミットしつつ、持続可能で均衡ある高成長への回帰。
- 世界経済のより均衡ある成長パターンへの移行のため、協働が必要。強固な回復には、世界需要を促進するマクロ経済政策及び国内民需の促進等の構造改革の進展が求められるとともに、世界経済の異なる部分それぞれにおける調整が必要。
- 「強固で持続可能かつ均衡ある成長のための枠組み」を立ち上げ、実行のためのプロセス作成にコミット。IMF・世銀に対し、支援・助言を要請。
- 財務大臣・中銀総裁は、政策やその成長と持続可能性への影響を相互評価する協力的プロセスを始め、11月までにこの新しい枠組みを始動。
- 我々の合意（コンパクト）は、G20メンバーが①共通の政策目標に合意、②中期的政策枠組みを設定、各国の政策の集合的な影響を評価、金融の安定への潜在的リスクを特定、③相互評価に基づき、共通目標達成のための行動を考慮。
- このプロセスの成功には、率直公平でバランスのとれた分析が不可欠。IMFに対し、財務大臣・中銀総裁への支援と、G20とIMFC双方への定期的な報告を要請。財務大臣・中銀総裁は11月にこのプロセスについて議論、次回の首脳会合で相互評価の結果をレビュー。

（２）国際的な金融規制制度の強化

- 危機以前に見られた過度なリスク・テイクに戻ることは許されない。
- 健全性監督の強化、リスク管理の改善、透明性の向上、市場の公正性の促進、監督カレッジの設置、国際的な連携の強化の分野において大きな進展。店頭デリバティブ、証券化市場、格付会社・ヘッジファンドに対する規制強化等、規制・監督範囲を強化・拡大。
- 競争条件の公平を確保し、市場の分断、保護主義、規制潜脱行為を回避する形での規制の実施にコミット。不良資産の処理及び追加的資本増強を継続。銀行に対し、資本の積み上げと貸出増強のため、利益のより多くの割合を留保するよう要請。
- 財務大臣及び中央銀行総裁に対し、以下の分野等への取り組みに合意するよう指示。

    ①質の高い資本の構築と景気循環増幅効果（プロシクリカリティ）の抑制
    - 銀行資本の質と量を改善し、過度なレバレッジを抑制する国際的に合意されたルールを2010年末までに策定することにコミット。これらのルールの実施は、2012年末までを目標に、金融情勢が改善し景気回復が確実になった時点で段階的に行われることとなろう。
    - 質・量ともにより所要自己資本、補完的レバレッジ比率、リスクの高い商品やオフバランス取引への資本賦課の強化等を各国が実施することにより、銀行が過度なリスクを負うインセンティブを減ずる金融システムを創出。
    - すべてのG20の主要な金融センターは、バーゼルⅡの枠組みを2011年までに採用することにコミット。

    ②金融安定化支援のための報酬慣行の改革
    - 報酬政策・慣行の改革は、金融安定の増進のため必須。
    - 次の点を目指す、金融安定理事会（FSB）の勧告を全面的に支持。
        (ⅰ)複数年に渡るボーナス保証を避ける。
        (ⅱ)変動報酬の相当部分について、支払いを繰延べ、業績に連動させ、適切な取戻しの対象とし、株式や株式類似の形態で付与。

(ⅲ)経営幹部等への報酬が業績及びリスクと整合することを確保。

(ⅳ)金融機関の報酬政策・体系に開示義務を課すことによって透明化。

(ⅴ)変動報酬が健全な資本基盤の維持と整合的でない場合には、純収入全体に対する変動報酬の比率を制限。

(ⅵ)報酬政策を監視する報酬委員会が独立して活動することを確保。

- 監督当局は、金融機関の報酬体系をレビューし、必要に応じ、金融機関に対しより高い所要自己資本を課すなどの是正措置を適用する責務を負い、破綻した又は例外的公的介入を要する金融機関の報酬政策・体系を修正する権限を持つべき。
- 金融機関に対しこれらの健全な報酬慣行の即時の実施を要請。
- FSB に対し、実施状況を監視し、必要に応じ追加措置を 2010 年 3 月までに提案することを要請。

・非協力国・地域に対する取組みにめざましい成果。グローバル・フォーラムの拡大を歓迎。2010 年 3 月より、タックスヘイブンに対する対抗措置を使用する用意。金融活動作業部会（FATF）による進展を歓迎し、リスクの高い国・地域の 2010 年 2 月までの公表を要請。FSB に、非協力国・地域問題に関する進捗状況を 2009 年 11 月に報告し、2010 年 2 月までにピア・レビューの手続を開始することを要請。

(3) 国際金融機関

・IMF の資金を 3 倍にするとの約束を履行。我々は拡大された新 NAB に 5000 億ドルを超えるコミット。IMF は 2830 億ドル相当の特別引出権（SDR）を配分、うち 1000 億ドル以上が新興国・途上国の準備資産を補完。金の売却益等により、IMF の中期的な譲許的貸付能力を倍以上に拡大。

・IMF は世界的な金融安定化、成長の均衡を回復する上で重要な役割。IMF の融資制度の改革を歓迎。IMF は、加盟国による金融市場の変動への対処を支援する能力強化を継続。IMF の衡平・率直・中立なサーベイランスの能力強化のために協働。

・IMF ガバナンスの現代化は重要。IMF は引き続きクォータを基礎とする機

関であり、クォータ配分は世界経済における加盟国の相対的地位を反映すべき。そのため、現在のクォータ計算式を用いて、過大代表国から過小代表国への少なくとも5％の、ダイナミックな新興国・途上国へのシェア移転にコミット。次期クォータ・レビューの一部として、増資の規模や理事会の規模と構成等の重要な問題への対処が必要。スタッフの多様性は増大されるべき。国際機関の長等は開かれた透明で能力本意のプロセスで選任されるべき。2008年4月に合意されたクォータ及び代表権改革の早急な実現。
・MDBsは、1000億ドルの貸出増額を着実に実施。
・開発と貧困削減が開発金融機関の中心的な使命。気候変動等のグローバルな課題への対応においても、世銀や他のMDBsは重要。世銀は、地域開発金融機関や他の国際機関と協力し、食料安全保障、人的開発及び最貧層の安全保障への対処、民間セクター主導の成長やインフラ支援、グリーン・エコノミーへの移行のための資金的支援等を強化。
・世界銀行の投票権改革について、各国の経済的地位、世銀の開発使命を主として反映する計算式の利用を通じ、徐々に衡平な投票権に移行することが重要。

（4）エネルギー及び気候変動
・石油市場の透明性の向上、先物市場規制に関する証券監督者国際機構（IOSCO）の勧告の実施にコミット。
・エネルギー効率の向上が重要。化石燃料に対する補助金は非効率であり、段階的に廃止・合理化にコミット。
・クリーン・エネルギーとエネルギー効率の推進のため、関連投資、技術の普及。
・国連気候変動枠組条約での交渉を通じてコペンハーゲンでの合意を目指す。
・気候変動のファイナンスにつき、財務大臣の作業を歓迎し、ファイナンスのオプションを次回会合で報告するよう指示。

(5) 最脆弱な人々への支援の強化

- 低所得国に対する危機の影響を懸念。危機の社会的影響を軽減する責任を共有。
- 国連ミレニアム開発目標（MDGs）達成のコミットメントを再確認。
- 食料、燃料及び資金への貧困層のアクセス改善のために協力。
- 低所得国への農業支援拡大のための国際信託基金を設立するよう世界銀行に要請。
- 中小企業（SME）向け金融を拡大。G 20 金融包摂専門家グループを設立。G 20 中小企業金融チャレンジの発足にコミット。
- 盗難資産の途上国への返還の確保等のため、世銀の「失われた財産の回収イニシャティブ」とともに取り組む。2010 年までに援助透明性を向上。贈賄関連条約の批准。採取産業透明性イニシャティブを支援。

(6) 雇 用

- 我々の努力は本年末までに 700 万から 1100 万の雇用を創出・維持する見込み。持続的行動なしに、失業の増加が見込まれ、特に最脆弱層への影響が大。雇用増・維持、所得拡大、失業者への社会保障、訓練提供等を優先する回復策を実施。
- より包括的な労働市場、積極的労働市場政策、教育・訓練等が重要。生涯にわたり必要な技術を身に付ける研修が必要。先進国は途上国を支援。
- 成長戦略及び投資における訓練の支援を誓約。ILO に対し訓練戦略作成を要請。
- 将来の経済成長のための雇用主導の枠組形成の重要性に合意。ロンドン雇用会議及びローマ社会サミットの重要性を再確認し、ILO による「危機からの回復：世界労働協定」を歓迎し、その主要要素を自国に適用。
- 米国は、2010 年の早い時期に G 20 雇用大臣会合を主催する。担当大臣に、変動する雇用情勢、ILO の報告書等をレビューするように指示。

（7）貿 易

- 保護主義との闘いにおいて我々が結束することは極めて重要。2500億ドルの貿易金融イニシャティブの迅速な実施を歓迎。投資・貿易に対する新たな障壁を設けないこと等に関するこれまでのコミットメントを再確認。WTO等による共同報告を歓迎。
- 更なる貿易自由化にコミットし、ドーハ開発ラウンドの2010年における野心的かつ均衡のとれた妥結の追及を決意。2010年の早い段階で状況を評価し、農業及び非農産品市場アクセス、並びにサービス、ルール、貿易円滑化及びその他の分野につき進展を追求。我々は関与を継続し、次回会合において交渉の進展をレビューする。

（8）今 後

- G20は我々の国際経済協力に関する第一のフォーラム。2010年6月にカナダで、2010年11月に韓国で、G20サミットの開催に合意。今後は毎年開催し、2011年はフランスで開催。

別添
「持続可能な経済活動のための中核的価値」および「強固で持続可能かつ均衡のとれた成長のためのG20の枠組み」が本文の別添として添付された。

（出所：外務省ホームページ「首脳声明　ピッツバーグ　サミット（仮訳）」http://www.mofa.go.jp/mofaj/kinkyu/2/20090926_085339.html（2009年9月26日閲覧）を利用して筆者作成）

■著者紹介

坂元　浩一（さかもと　こういち）

1953（昭和28）年、鹿児島市生まれ。
慶應義塾大学経済学部、同大学院博士課程修了、博士（経済学）。
国連派遣アフリカ政府マクロ経済顧問（4年間現地駐在）、（財）
国際開発センター副主任研究員、慶應大学講師などを経て現在、
東洋大学国際地域学部国際地域学科教授。
他に、途上国人官僚・日本人技術協力専門家・公務員の研修講師
（環境省、経済産業省など）、ODAコンサルタント、インド政府
貿易振興局アシスタント、日本政府派遣専門家（パキスタン派遣）。
専門分野は開発経済学、国際経済学、経済協力論。

主な著書

"Balance of Payments Support Aid in Japan," IDS Bulletin,
　British Institute of Development Studies, 1996.
『国際協力マニュアル―発展途上国への実践的接近法―』勁草書房、
　1996年
『IMF・世界銀行と途上国の構造改革―経済自由化と貧困削減を
　中心に―』大学教育出版、2008年
『新興市場国サーベイ―グローバル・スタンダードと構造改革―』
　大学教育出版、2009年
他に、多数の論文、ODA調査報告書がある。

世界金融危機　歴史とフィールドからの検証
―G20・金融制度改革・途上国―

2010年2月19日　初版第1刷発行

■著　者――坂元浩一
■発行者――佐藤　守
■発行所――株式会社　大学教育出版
　　　　　　〒700-0953　岡山市南区西市855-4
　　　　　　電話 (086) 244-1268㈹　FAX (086) 246-0294
■印刷製本――モリモト印刷㈱

ⓒ Koichi Sakamoto 2010, Printed in Japan
検印省略　　落丁・乱丁本はお取り替えいたします。
無断で本書の一部または全部を複写・複製することは禁じられています。

ISBN978-4-88730-949-4

好 評 既 刊 本

新興市場国サーベイ
—グローバル・スタンダードと構造改革—

坂元浩一　著
ISBN978-4-88730-917-3
定価 2,730 円(税込)
注目を集める新興市場国に世界標準と構造改革の2つの視点で接近を試みる。

IMF・世界銀行と途上国の構造改革
—経済自由化と貧困削減を中心に—

坂元浩一　著
ISBN978-4-88730-837-4
定価 2,940 円(税込)
経済自由化・貧困削減政策に焦点を当てて、分析と評価をして包括的に行う。

現代世界経済の基層
—ゆるやかな需要過程—

高良倉茂　著
ISBN4-88730-609-1
定価 2,730 円(税込)
消耗品化の流れに抗する現代世界経済分析を試み、世界経済論議に一石を投ずる。

アジアビジネスの基礎

鈴木康二　著
ISBN978-4-88730-740-7
定価 3,150 円(税込)
アジアビジネスに携わりたい人のために、基礎的事項を包括的に述べる。